L'édito miaou

Vous qui lisez ces lignes, vous avez sans doute un chat près de vous. Même si vous ne sauriez trop comment l'expliquer, sa présence crée un climat de détente et de bien-être qui vous enveloppe. Dans ce numéro 2, nous avons encore une fois souhaité vous offrir un moment de cette nature : une plage de détente à la fois spirituelle, contemplative et ludique, à l'image de votre chat.

Une plage, avons-nous dit ? Oui, à l'approche de l'été, ces quelque 168 pages de sable chaud vont vous redonner des couleurs, à vous et à votre chat. Le moment de boucler la valise sera là en moins de temps qu'il ne faut pour dire *miaou*. Anticipez donc dès à présent les choses pour vous assurer que vous-même et votre animal préféré aurez bien les coussinets correctement déployés en éventail le moment venu. Un dossier « Vers de nouveaux horizons » (p. 50) vous aidera par exemple à préparer au mieux votre chat au changement d'environnement que vous lui réservez pendant les vacances ou à trouver un mode de garde digne de lui si vous ne pouvez pas l'emmener avec vous.

Vous trouverez aussi dans ce numéro un carnet d'adresses de lieux de villégiature (p. 106), un test (p. 28) et des jeux (p. 96), un reportage photo sous le soleil des Cyclades (p. 74), une grande enquête sur la croquette (p. 126), un portfolio de « chtars » (p. 30), la rubrique « l'instant zen » où vous découvrirez le yoga avec votre chat (p. 88), des idées shopping pour avoir la miaou attitude (p. 46), et plein de petites surprises papier disséminées au fil des pages.

Alors bonne lecture, en attendant de pouvoir être « au poil » cet été !

L'équipe de miaou

Sommaire

N°2 juin-juil-août 2018

Adoptez miaou !

Participez au lancement de miaou et ne manquez aucun des prochains numéros, pour les vrais catlovers : **découvrez nos offres d'abonnement sur les cartes postales entre les pages 144 et 145.**

Rejoignez notre communauté et retrouvez-nous sur miaoularevue et sur

Les cadeaux miaou

- **4 fiches** à collectionner (entre les pages 48 et 49)
- **2 tirages** à afficher (entre les pages 72 et 73)
- **1 carnet pour vous évader** (page 97)
- **2 planches d'étiquettes** (entre les pages 120 et 121)
- **2 grandes cartes postales** (entre les pages 144 et 145)

Il existe deux versions de miaou : la revue trimestrielle vendue à 9,99 € chez les marchands de journaux et une édition collector vendue à 12,95 € en librairie et rayons livres.

Chat racé,
maître comblé

Quel vous correspond

Vous avez découvert quatre races de chats dans le premier numéro de miaou : le Chartreux, le Persan, le Siamois et le Main coon. Parmi les quatre nouvelles races que nous vous présentons ici, découvrez le chat qui vous correspond le mieux selon votre caractère et votre mode de vie.

Seuls les chats appartenant aux races reconnues par le LOOF (Livre officiel des origines félines) ont droit à l'appellation «de race». Si vous achetez un chat à un éleveur français ou en provenance d'un élevage français, sachez qu'il ne sera considéré comme un chat de race que s'il est titulaire d'un pedigree. Une soixantaine de races sont officiellement reconnues en 2018, toutes variétés confondues, aux morphologies très variées.

chat {de race}
le mieux ?

L'Abyssin

Vingt-huit couleurs

Les premiers chatons Abyssins élevés en Angleterre au XIXe siècle avaient un pelage brun comme celui des lièvres. Ils étaient appelés des *bunny cats* (chats lapins) ! Depuis, la couleur de leur robe a beaucoup changé : vingt-huit variétés sont désormais reconnues.

Son nom exotique évoque l'Éthiopie, mais rien ne prouve qu'il en soit originaire. Des sources affirment qu'il est né en Inde ou en Thaïlande. L'Abyssin viendrait des rives de l'océan Indien, mais doit son nom au premier sujet de la race, ramené en 1868 d'Abyssinie par un Anglais, lord Napier. Officiellement reconnue en 1886, la race est introduite en France en 1927. L'Abyssin y est vite devenu très populaire, alors qu'il avait pratiquement disparu du pays qui avait fait sa renommée, le Royaume-Uni ! L'Abyssin, avec sa robe exceptionnelle, chaude et brillante, est d'une grande élégance. Aujourd'hui, il fait partie des races de chats à poil court les plus appréciées à travers le monde.

Vous aimez la beauté altière

Chaque poil de l'Abyssin présente une alternance de bandes claires et foncées : le *ticking*. C'est un chat élégant, à la robe brillante exceptionnelle, et aux yeux en amande dorés, noisette ou verts. Il a la beauté des plus grands.

Vous avez besoin de tendresse

L'Abyssin est un grand tendre : très attaché à son maître, il recherche les caresses et les moments de calme et d'intimité. De son petit « miauli » discret, il rappelle à son « deux pattes » que c'est l'heure des câlins, si celui-ci a eu le malheur de l'oublier. Avec lui, pas question de passer rapidement à la maison avant de ressortir ! Il faut s'installer, le prendre sur ses genoux, le caresser et lui parler : c'est à cette condition qu'il tolère de rester seul ensuite... L'Abyssin est un pot de colle, qui, malgré son indépendance de caractère, est très sociable et réclame beaucoup d'attention.

Vous êtes joueur

L'Abyssin est un chat réputé pour son caractère joueur, curieux de tout et vif. Il s'adapte sans problème à la vie en appartement à condition qu'on lui réserve quelques endroits – un arbre à chat par exemple – où il peut se dépenser et s'amuser à faire des acrobaties et des pitreries.

Le Ragdoll

L'origine du Ragdoll est connue : Ann Baker, une éleveuse de Persans, crée la race en 1960 en Californie. Le Ragdoll est né du croisement entre un Persan blanc et une femelle Sacré de Birmanie. Le nom du Ragdoll est tout un programme : il signifie « poupée de chiffon » en anglais ! Son caractère doux contraste avec son gabarit impressionnant.

Vous avez un nouveau-né à la maison

La douceur de caractère du Ragdoll est connue de tous : c'est l'un des chats de race qui convient le mieux aux enfants. Très calme, confiant, il se laisse manipuler sans résistance, telle une poupée de chiffon, d'où son nom. Le Ragdoll ne fait jamais preuve d'impatience ou d'agressivité envers ses maîtres.

Vous souhaitez un compagnon souvent à vos côtés

Très proche de ses maîtres, il supporte difficilement d'être laissé seul trop longtemps. Il peut même se laisser dépérir s'il souffre de solitude. Autant dire que ce n'est pas le chat des gens trop occupés... Malgré ces caractéristiques, ce n'est toutefois pas un grand tout mou ! Il est très joueur à ses heures et, par moments, fait preuve d'indépendance.

Vous aimez contempler un chat qui dort

Lorsque l'envie s'en fait sentir, le Ragdoll peut dormir dans les endroits les plus insolites, et il se laisse tellement aller dans son sommeil qu'il est capable de tomber du dossier du fauteuil où il s'est assoupi ! Il s'adapte donc bien à la vie en appartement.

Le Sacré de Birmanie

Les origines du Sacré de Birmanie sont assez difficiles à retracer. Il vient probablement de Birmanie, mais son histoire connue commence dans les années 1920 en France, à Nice, où des éleveurs croisent un Siamois ganté de blanc et un Persan. Il est présenté pour la première fois en exposition en 1926, mais la race manque de disparaître durant la Seconde Guerre mondiale. Elle est reconstituée par l'apport de sang Persan et, en 1950, elle est définitivement appelée Sacré de Birmanie. Il fascine par son regard bleu saphir, ses pieds blancs et sa douce et longue fourrure.

Vous êtes fusionnel avec votre chat… et vous êtes à la retraite

Tout en rondeurs et tout en douceur, de caractère affable, il est doux et affectueux avec son maître : il recherche le contact et passe de longs moments couché sur ses genoux, à savourer ses caresses. Il serait même un peu possessif, parfois. Il supporte difficilement l'indifférence, et encore moins la solitude. Les retraités font donc son bonheur !

Vous aimez voir un chaton courir après sa queue

Si le Birman est un chat plutôt calme quand il est grand, le chaton, comme tous les jeunes chats, est plus turbulent. Il s'amuse d'un rien et peut passer de longs moments à tenter d'attraper sa queue, se demandant ce que cet appendice récalcitrant peut bien faire là !

Vous aimez garder la surprise de sa couleur

Les chatons Sacré de Birmanie naissent tout blancs. Ils n'acquièrent leurs marques foncées que vers l'âge d'un à deux mois et ne révèlent leur couleur définitive qu'à l'âge adulte.

Le Sphynx

Le Sphynx n'est pas conseillé aux allergiques

Eh non ! Ce n'est pas parce qu'un chat a le poil très court, voire uniquement un fin duvet, qu'il est hypoallergénique ! En effet, le Sphynx provoque autant de réactions allergiques qu'un autre chat. Dans la plupart des cas, les personnes sont allergiques à une protéine produite par le chat, la FEL D1. Elle est présente dans sa salive : il en dépose donc sur ses poils quand il se lèche. C'est ce qui fait croire aux gens qu'ils sont allergiques aux poils de chat.

En revanche, le Sibérien et le Korat entraînent, pour différentes raisons, très peu de réactions allergiques. Le Sibérien est, de toutes les races de chats, celui qui sécrète le moins cette protéine. Des tests d'allergologie ont démontré qu'il n'entraîne que de rares réactions. Le Korat, quant à lui, n'a pas de sous-poil. Il perd donc très peu de poils, ce qui a également permis de constater qu'il pouvait convenir à certaines personnes allergiques.

Le Sphynx est le fruit d'une mutation génétique naturelle qui apparaît dans toutes les espèces animales. Tous les Sphynx descendent d'une portée de chatons nés nus en 1966 au Canada. Deux chattes de cette portée sont importées aux Pays-Bas par le Dr Hugo Hernandez qui les marie avec des Devon Rex. Le Français Patrick Challain lui achète une portée, puis d'autres éleveurs français importent deux chatons de Hollande et le premier standard de la race est rédigé d'après leur fille, Aménophis Clone. Les éleveurs français ont donc joué un rôle essentiel dans le développement de cette race unique.

Vous n'aimez pas les poils !

Rien n'explique la bizarrerie de la nature entraînant parfois la naissance d'animaux sans poils. Le Sphynx est porteur d'un gène récessif qui entraîne son absence de pilosité. Il n'a même pas de vraies moustaches ! Si vous avez du mal avec les poils sur votre canapé ou vos vêtements, le Sphynx est fait pour vous.

Vous aimez caresser une peau douce

Ce n'est pas parce qu'il n'a pas de poils que ce chat est frileux pour autant. En hiver, il stocke de la graisse sous la peau, ce qui lui donne un petit air plissé. La peau du Sphynx est recouverte d'un très fin duvet, aussi doux au toucher que le daim !

Vous aimez chouchouter votre chat

Le Sphynx n'est pas un chat fragile, mais il nécessite tout de même un peu d'entretien. Sa peau sécrète beaucoup de sébum et il doit prendre régulièrement des bains pour l'en débarrasser. Et en été, c'est application d'écran total obligatoire !

Les chats se plaisent dans le silence, l'ordre et la quiétude.

Théophile Gautier

Entretien coup de cœur

Gilles Legardinier

Un écrivain au poil !

Écrivain, scénariste, producteur et réalisateur, Gilles Legardinier s'est toujours attaché à faire naître des émotions qui se partagent. Avec plusieurs romans à succès, il a rejoint le podium des auteurs les plus lus de l'Hexagone. Pour ce nouveau numéro de miaou, nous avons échangé autour de son actualité : son dernier roman *Une fois dans ma vie*, paru chez Flammarion, et ses projets d'adaptation au cinéma. Nous n'avons bien sûr pas résisté à l'envie de lui poser des questions sur les drôles de chats illustrant plusieurs de ses romans.

Gilles Legardinier s'est entre autres illustré dans le thriller avec *L'Exil des anges* (prix SNCF du polar 2010) et *Nous étions les hommes* (2011), mais aussi dans la comédie, qui lui a valu un succès international avec *Demain j'arrête !* (2011), *Complètement cramé !* (2012), *Et soudain tout change* (2013), *Ça peut pas rater !* (2014) et *Quelqu'un pour qui trembler* (2015), tous parus chez Fleuve Éditions. Ses derniers ouvrages, *Le Premier Miracle* (fin 2016) et *Une fois dans ma vie* (fin 2017) sont édités chez Flammarion.

Photo Félicien Delorme © Flammarion

miaou : Dans votre dernier roman, vos trois personnages principaux sont des femmes. Comment êtes-vous parvenu à vous mettre aussi facilement dans leur peau et à sonder les méandres de la psychologie féminine ?

Gilles Legardinier : Je suis très heureux d'être un homme, je suis bien dans ma peau d'homme, mais je trouve très intéressant le point de vue féminin et la fragilité des femmes me touche. Les femmes ont à mon sens une plus grande capacité à aimer, à oser, à espérer… Une forme d'abandon, et parfois de sacrifice qu'on ne retrouve pas forcément chez les hommes. Je trouve les pensées et propos des personnages féminins plus jolis quand il s'agit de sentiments ou d'attaches. Endurance, attachement, espoir, abandon et renoncement sont des notions essentielles et mieux portées par des personnages féminins. Nouer le lien avec ceux qu'elles aiment, ne jamais désespérer… ce sont de belles qualités à mettre en scène dans un livre.

> « Ma grand-mère disait toujours : 'Si jeunesse savait, si vieillesse pouvait'. »

miaou : Vous abordez trois âges de la vie avec ces trois femmes…

G. L. : Oui, dans cet ouvrage, elles sont le futur et le passé de chacune d'entre elles. Ma grand-mère disait toujours : « Si jeunesse savait, si vieillesse pouvait » et c'est le sujet de cet ouvrage. Elles décroisent leurs savoirs pour avancer et s'enrichir de ce que chacune, avec son âge et son expérience, peut apprendre de l'autre… Séparément elles ne sont rien, ensemble elles ont plus de chances, elles démultiplient leurs pouvoirs. Eugénie (qui a la soixantaine) a fait « ce qu'elle avait à faire », elle a élevé ses enfants, elle est dans l'action, sa carrière professionnelle est derrière elle. Elle a une vision plus globale de la vie. Céline (la quarantaine) se bat avec une situation qui touche beaucoup de gens. Quant à Juliette, elle ne se pose pas la question du temps qui passe et c'est inhérent à son âge (elle a vingt ans), elle vit, elle agit !

miaou : Dans ce roman les personnages masculins sont plus en retrait…

G. L. : Il n'y a pas de « rôle » secondaire, juste des moments de vie. Je ne construis pas de mécanique. Victor est un personnage qui reste un peu mystérieux. Les hommes sont plus secrets, ils se définissent souvent par ce qu'ils font plus que par ce qu'ils disent. Les femmes sont plus responsables, impliquées, et elles s'expriment davantage. Heureusement qu'elles remplissent ce rôle !

miaou : Vous avez plein de beaux projets à venir : des adaptations au cinéma de certains de vos romans sont déjà en cours ?

G. L. : Cinq de mes romans vont être adaptés au cinéma. Je fais cela par envie de vivre des moments forts avec des personnes humaines, qui respectent les autres. Ce n'est ni une question d'argent ni une question de temps. J'ai passé trente-cinq ans dans le cinéma avec mon épouse, on aime cet univers, et je connais bien le métier de *script doctor*. Nous réunissons finalement deux passions, la littérature et le cinéma. Il est important que le film ne soit pas l'identique représentation du roman, mais de lui donner une nouvelle vie, de l'incarner, par le décor, l'adaptation scénaristique, la musique, la mise en scène…

Le chat a quelque chose de plus.
IL PARTAGE NOTRE INTIMITÉ
tout en gardant sur nous
un vrai regard critique.

Gilles Legardinier

miaou : Vous avez d’autres projets de livres ?

G. L. : J’ai toujours plusieurs livres d’avance, quatre ou cinq en ce moment. Je les écris dans ma tête, je les bichonne, je sais dans quel ordre je vais les travailler. C’est comme un bon vin : c’est rarement le vin de l’année qui est le meilleur, il faut attendre et le faire mûrir en fût de chêne… Il vaut mieux produire moins de bouteilles, mais de meilleurs crus. Mes livres se construisent en permanence : un geste, une rencontre, un personnage me permettent de les nourrir et d’aller vers autre chose.

miaou : Que vous évoque la bienveillance à notre époque ?

G. L. : Le cynisme est heureusement illusoire. Il y a un véritable écart entre la vraie vie, le contact avec les gens, et l’image que l’on en perçoit dans les médias. Les gens sont bien plus chaleureux et positifs que ce qu’on veut bien nous présenter. Mon lectorat ressemble à mes histoires. Cela a changé ma façon de voir le monde. Je rencontre des personnes qui ont de vrais problèmes, et qui avancent malgré tout. Je trouve cela joli d’avancer ensemble.

miaou : Pourquoi avoir choisi le théâtre pour décor de votre dernier roman ?

G. L. : J’ai une fascination pour tous les lieux d’émotion. Les salles de spectacle sont les seuls lieux de proximité entre ceux qui pratiquent leur art et ceux qui le reçoivent. Une mécanique qui a poussé les humains à s’exposer face à leurs semblables pour livrer leurs failles, leurs doutes, se mettre à nu, c’est admirable ! Les vrais comédiens portent la charge de ce qu’ils jouent.

miaou : Quels sont vos derniers coups de cœur artistiques ?

G. L. : Des coups de cœur humains plutôt… Ma fille m’a fait écouter une chanson, ma femme me fait découvrir des textes. J’ai du mal à en parler, cela relève de l’intime. C’est la vraie vie.

miaou : Pourquoi avoir mis un chat en couverture de nombre de vos romans ? Et pourquoi avec un bonnet péruvien ?

G. L. : Cela a commencé avec *Demain j'arrête* ! Le chat est assez présent dans le roman, et il y est question de chat et de bonnet péruvien. J'ai bataillé pour l'avoir en couverture, là où on me proposait d'y mettre une très jolie fille… Or, il fallait laisser les lecteurs imaginer et se faire leur propre idée de mon personnage principal, Julie. Dévoiler un visage sur la couverture retirait du mystère. Je me suis battu comme un lion, car je voulais ce chat en couverture… J'ai choisi la photo, puis elle a été montée pour mettre le bonnet au chat. Et cette couverture m'a porté chance.

Pour *Complètement cramé !*, nous avons fait une séance photo hilarante. On a beaucoup rigolé, j'ai rencontré des gens passionnés de chats. Impossible de faire tenir le chat dans la casserole, beaucoup trop froide ! Et on ne peut pas obliger un chat à faire n'importe quoi, il faut de la patience. On a dû faire un montage partiel pour mettre le chat dans la casserole… Les lecteurs ne mémorisaient pas forcément mon nom (d'autant qu'ils pensaient que j'étais une femme), en revanche, ils retenaient le chat de la couverture. Je me suis dit à l'époque on va recommencer… et j'en ai fait ma marque de fabrique pour quelques livres, mais il ne faut pas trop tirer sur la corde !

> « Pour *Complètement cramé !*, nous avons fait une séance photo hilarante. Impossible de faire tenir le chat dans la casserole, beaucoup trop froide ! »

À un moment je me suis senti prisonnier de ces couvertures… et il a fallu changer, même si ces beaux félins m'ont porté chance.

miaou : Quel rapport entretenez-vous avec les chats ?

G. L. : J'ai une tendresse particulière pour les chats. Le chat a quelque chose de plus. Il partage notre intimité tout en gardant sur nous un vrai regard critique. C'est le seul animal qui nous juge. Le chien est toujours d'accord avec son maître, on ne sait pas si les oiseaux ont un avis. Le chat, lui, porte un jugement, il est dans notre intimité. Comme ressort de comédie, c'est énorme !

Je continue à adorer les chats, et j'espère qu'il y en aura dans mon prochain roman.

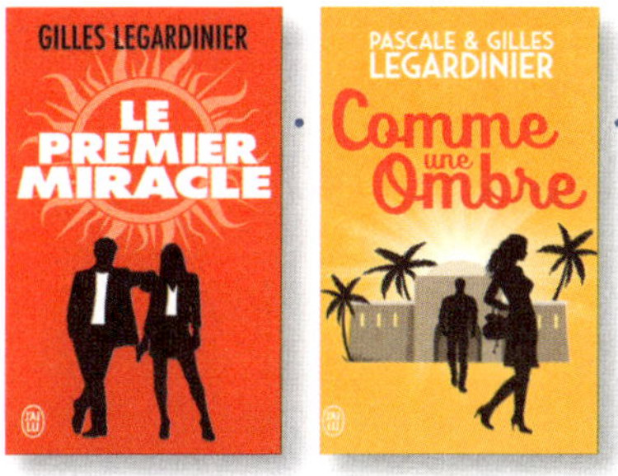

Tendance chat

Dorothée de Monfreid

Un délicieux petit livre d'illustrations et de bons mots irrésistibles, avec des chats… tellement humains. Destiné à un public adulte.

Que feraient les chats s'ils étaient humains ?

Croqués avec humour et tendresse, les chats imitent les vilaines manies des humains : certains manifestent contre la réduction du temps de coussin, d'autres apportent une bouteille de (lait) blanc pour le dîner, ou trouvent que Garfield a pris un coup de vieux…

Tendance chat
Dorothée de Monfreid
Éditions Hélium
64 p., 9,90 €

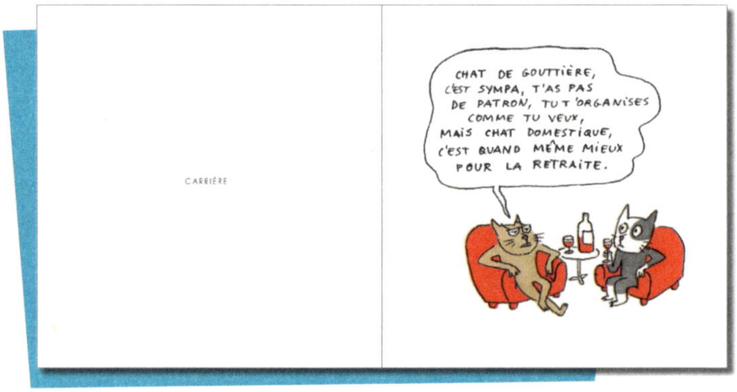

Arsène Lagriffe prend le large
Jennifer Gray

Arsène Lagriffe à la rescousse ! Parti à la recherche du pirate Frank Hameçon prisonnier sur une île déserte, le chat policier apprend l'existence d'un mystérieux trésor. Mais il n'est pas seul sur le coup : le capitaine Black Barbe est prêt à tout pour s'emparer du butin. Iseult, neuf ans et demi, a lu ce livre pour miaou...

« C'est l'histoire d'Arsène Lagriffe qui est un chat et il mène des enquêtes avec des humains. Ils partent à la recherche d'un pirate coincé sur une île déserte. Mais lorsqu'ils arrivent, le pirate a disparu et ils ne retrouvent qu'une carte au trésor. Mais ils ne sont pas les seuls à partir à la chasse au trésor. Commencent alors de multiples rebondissements !

Ce livre m'a plu parce que c'est une enquête policière, que c'est drôle et en même temps il y a du suspense. Ce que j'ai préféré, c'est de voir qu'Arsène Lagriffe se comportait comme un policier et la scène "opération plage propre" avec des chatons du refuge m'a beaucoup amusée ! »

Arsène Lagriffe prend le large
Jennifer Gray
Traduit par Sophie Dieuaide
Roman dès 8 ans
Éditions PKJ
240 p., 6,60 €

Les Mémoires d'un chat
Hiro Arikawa
Traduit par Jean-Louis de la Couronne
Actes Sud, 336 p., 22 €

Les Mémoires d'un chat
Hiro Arikawa

Pour les amoureux des chats et du Japon !

Un chat, Nana, raconte son histoire. Son maître, Satoru, déménage et il va devoir se séparer de lui après cinq ans de vie commune en parfaite harmonie. Soucieux de trouver un bon maître à son chat adoré, Satoru décide de se tourner vers ses amis d'enfance, qui vivent tous loin de la capitale. Débute alors pour les deux compères un périple aux quatre coins du Japon, du mont Fuji à l'île d'Hokkaido. Chaque étape permet de découvrir un nouveau personnage, sa vie, les souvenirs qu'il partage avec Satoru, dans un carnet de voyage dévoilant un Japon aux multiples facettes.

Une perle littéraire sur l'amitié, la solidarité et l'affection entre un maître et son animal... miaou !

Test

Quelles relations entretenez-vous

Avec ce test, évaluez vos liens avec votre chat !

Dès que vous rentrez, votre chat
A. se précipite vers vous.
B. vous ignore.

Votre chat vient vous voir
A. régulièrement.
B. uniquement pour réclamer à manger.

Votre chat vit dehors, il
A. rentre régulièrement pour vous voir.
B. ne rentre que pour manger.

Votre chat vient vers vous
A. plusieurs fois par jour pour voir ce que vous faites.
B. jamais.

Quand votre chat miaule,
A. vous comprenez ce dont il a besoin.
B. vous ne comprenez jamais ce qu'il veut.

« Le ronronnement est le sourire du chat. »

Hector Bianciotti (1930-2012), auteur argentin

avec votre matou

Votre chat grimpe sur vos genoux
A. régulièrement.
B. jamais.

Votre chat se laisse caresser :
A. facilement.
B. rarement.

Quand votre chat est dans vos bras,
A. il se love contre vous.
B. il tente de s'échapper.

Quand vous pleurez ou quand vous êtes malade, votre chat
A. vient vous voir.
B. mène sa vie.

Quand votre chat semble perturbé,
A. vous comprenez son humeur à son attitude, aux mouvements de sa queue et de ses oreilles.
B. vous l'ignorez.

Quand il dort chez vous, votre chat
A. est souvent le ventre à l'air.
B. est couché en position du « gigot », les pattes sous lui.

Votre chat est affectueux
A. avec tous les membres de la famille.
B. avec tout le monde, sauf vous.

RÉSULTATS :

Plus de 8 A : entre votre chat et vous, c'est l'osmose ! Aucun doute : vous vous faites déjà mutuellement du bien ! Lire **miaou** vous rendra encore plus heureux ensemble !

De 4 à 8 A : vous vous entendez très bien avec votre chat. Lire **miaou** et passer du temps avec lui développeront encore le lien qui vous unit déjà. Toutefois, soyez attentif aux messages de votre chat afin de respecter ses moments d'indépendance.

Moins de 4 A : les relations avec votre chat sont un peu tendues, ou avec peu de lien. Votre matou ne s'est pas, pour une raison ou pour une autre, totalement attaché à vous (adopté récemment, mal socialisé, caractère très indépendant, longues absences…). Avec un peu de patience, beaucoup d'amour et des instants **miaou**, vous pourrez renforcer ce lien et vous apporter de nombreux bienfaits mutuels.

Sublimissimes

Les chats photographiés comme des stars de cinéma

Les dents de la mer

Le lauréat

Actus en chiffres

14 %
des Français partent avec leur chat en vacances

71 %
des chats sont adoptés « pour l'amour des animaux »

50 % pour tenir compagnie,
33 % pour les enfants,
21 % pour chasser les souris et
3 % pour l'esthétique.

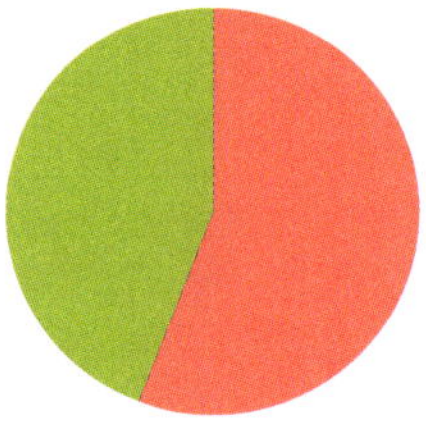

56 %

DES HABITANTS DE LA PLANÈTE VIVENT AVEC AU MOINS UN ANIMAL DE COMPAGNIE,

selon une étude mondiale Gfk menée dans 22 pays.

30 % un chien,
23 % un chat,
12 % un poisson,
6 % un oiseau.

La France fait partie des pays qui préfèrent les chats (41 % contre 29 % de chiens), aux côtés de la Suède, la Russie, la Belgique, les Pays-Bas, le Canada et l'Allemagne.

L'étude a été effectuée en ligne en 2016 auprès de 27 000 personnes de 15 ans et plus réparties dans 22 pays.

100 000

C'est l'estimation du nombre d'animaux abandonnés chaque année, dont 60 % pendant la période estivale.

28

C'est le record du nombre de doigts possédés par un chat. Normalement, les félins possèdent cinq doigts aux pattes avant et quatre aux pattes arrière. Mais il n'est pas rare qu'ils possèdent jusqu'à sept doigts sur les pattes. On appelle cette particularité la polydactylie, et elle est causée par une mutation génétique.

1600

C'est le nombre de poils au centimètre carré sur la fourrure d'un chat.

Le squelette du chat compte **74 os de plus** que celui de l'homme.

0,15 ha

C'est l'empreinte écologique d'un chat. En France, les ***12,7 millions*** *de chats domestiques produisent environ* ***13 kg*** *de litière chaque seconde, soit* ***400 000 t*** *de déchets par an. L'empreinte écologique d'un chat est donc équivalente à… celle d'une grosse voiture.*

420 chatons

C'est le record du plus grand nombre de portées délivrées par une seule chatte.

70 %

DES CHATS VIVENT ENCORE À LA CAMPAGNE.

2 hectares

C'est le territoire moyen des chats domestiques autorisés à aller dehors en zone urbaine. À la campagne, le territoire d'un chat sauvage peut atteindre 500 hectares !

Pour vivre heureux, lisons miaou !

Découvrir,
sourire
et ronronner
de bonheur
en compagnie
des chats.

Qui n'a jamais eu envie de devenir un chat ?

Superbe, libre, détendu, agile et cependant toujours tonique, le chat nous fait du bien et joue un rôle essentiel dans notre bien-être quotidien.

miaou, le premier rendez-vous trimestriel des amoureux des chats, offre des dossiers fouillés, des entretiens exceptionnels, des actus, des reportages, des photos d'art et des conseils de professionnels, le tout présenté dans un très beau format original, accompagné de plein de petits plaisirs en papier.

Ronronthérapie
et jolis moments
de tendresse
et de rire

Dans chaque numéro, plein de petits plaisirs papier à collectionner !

Cartes postales

Tirages à afficher

Étiquettes

Carnet

Et aussi :

- un dépliant,
- des stickers,
- des origamis…

visuels non contractuels

miaou, la revue dédiée aux amoureux des chats, et du papier !

Offre exceptionnelle
Près de 10 % de réduction*

Abonnez-vous à miaou et ronronnez de bonheur !

Toutes nos offres en page 144

OFFRE LIBERTÉ (4 n^os par an) : 9 € par numéro au lieu de ~~9,99 €~~*, par prélèvement automatique

OFFRE ESSENTIELLE (1 an - 4 n^os) : 36 € au lieu de ~~39,96 €~~*

Adoptez-nous !

Retrouvez les cartes d'abonnement à nous retourner entre les pages 144 et 145
ou abonnez-vous sur **www.prismashop.fr** avec le code offre MIAOU2
Vous pouvez aussi vous abonner au 0 826 963 964 Service 0,20 € / min + prix appel

*L'offre d'abonnement ne porte que sur la revue trimestrielle vendue à 9,99 € au numéro chez les marchands de journaux. Il existe une édition collector vendue à 12,95 € en librairie et rayon livres non disponible à l'abonnement.

Tendance chat !

Voici la sélection miaou de petits objets félins pour vous, les amoureux des chats. De la papeterie, de la déco, des sacs de plage... Ils sont partout, pour notre plus grand plaisir.

Collection Chats Bug Art
Notebooks A5 (avec ou sans spirale) Kiub • 13,95 € - Bloc-notes magnétique • 8,95 €

Pouf chat gris
Vertbaudet • 41,99 €

Tirage encadré, bloc acrylique et horloge
Redbubble • à partir de 23 €

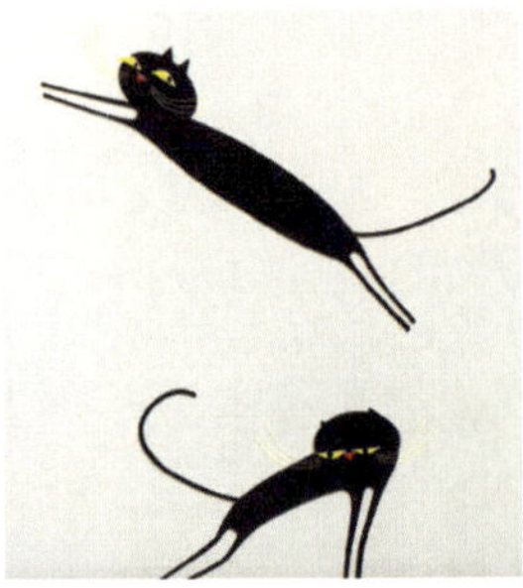

Stickers muraux Catenkit Domestic • 41 €

Sacs
Le Fabuleux Shaman • 12,90 €

Sac Les chats de Dubout
Catstore • 40 €

Cabas Jasmine Labaule et Jasmine Tropica
Teo Jasmin • à partir de 24,90 €

Tote bag
Redbubble • à partir de 13,90 €

Sac by milicancrelat
Etsy • 25 €

Sac de plage by SandoriLifestyle
Etsy • 39,99 €

Sac by Narais
Etsy • 25 €

Sac by NellyWade
Etsy • 43 €

Carnet d'adresses p. 166.

À collectionner

Et si on retrouvait le plaisir de collectionner des fiches ? Et si on en profitait pour avoir de superbes chats à admirer, afficher, offrir ou conserver dans une petite boîte à trésors ?

miaou

vous propose à chaque parution 4 fiches de chats de race.

Dans le précédent numéro, vous avez découvert le Chartreux, le Persan, le Maine coon et le Siamois. Dans ce numéro, découvrez les caractéristiques physiques de l'Abyssin, du Ragdoll, du Sacré de Birmanie et du Sphynx dans la continuité de l'article sur les chats de race en page 8.

L'Abyssin

Le Ragdoll
miaou

Le Sacré de Birmanie
miaou

Le Sphynx

Ragdoll

TÊTE La tête du Ragdoll est en forme de triangle équilatéral et les contours sont arrondis. L'espace entre les oreilles a l'air plat quand l'animal est de face. Le profil montre un crâne et un front arrondis. Le profil, dit en toboggan, montre un crâne et un front arrondis prolongés d'un léger creux au niveau du nez.

YEUX Les yeux sont ovales, grands, légèrement inclinés. La couleur est d'un bleu très intense.

CORPS Le corps du Ragdoll est rectangulaire avec une poitrine à la fois large et ronde. Il est long et puissant. La largeur des épaules et des hanches est la même. Il pèse lourd, mais n'est pas gros pour autant et sa poche ventrale est, elle seule, acceptée.

QUEUE Sa queue est longue, sa base est large et bien fournie, portée en panache, et dans l'idéal elle atteint la base de l'omoplate.

ROBE Soyeuse, mi-longue, elle a une couverture de poils de garde importante et peu de sous-poils. La fourrure est dense, et courte, sur les pattes avant et plus longues sur les pattes arrière, où parfois elle forme des pantalons*. Le Ragdoll peut présenter différentes couleurs de robe : colourpoint (extrémités plus sombres), mitted (extrémités plus sombres, à l'exception du bout des pattes, le menton, le poitrail et le ventre, blancs) ou bicolore (le poitrail, le ventre et les pattes sont blancs) ou encore van (la couleur est restreinte aux oreilles, à la partie supérieure du masque et à la queue).

NOMBRE DE DÉCLARANTS 641 déclarants ont enregistré au moins une portée depuis 2003 née d'une femelle Ragdoll.
369 déclarants ont enregistré au moins une portée née depuis moins de deux ans.

Abyssin

TÊTE Elle est en forme de triangle aux contours arrondis. Les courbes de son profil sont douces. Le crâne est un peu arrondi, le front, lui, est très légèrement bombé. Le nez est assez court. La longueur de la tête est proportionnelle au reste de son corps.

YEUX Les yeux de l'Abyssin sont grands et brillants, et leur particularité est d'être en amande. Leur couleur peut aller du jaune au noisette. La particularité des yeux de l'Abyssin est qu'ils sont soulignés d'un trait rappelant le maquillage de Cléopâtre.

CORPS Le corps est souple, ferme, élégant, et la musculature développée. La taille moyenne. La cage thoracique est légèrement arrondie et le dos peu arqué.

QUEUE La queue de l'Abyssin est épaisse à sa base et longue, mais pas trop. Elle reste proportionnée au corps.

ROBE La robe a la qualité de résilience, c'est-à-dire qu'elle est élastique au toucher. Chaque poil doit présenter au moins quatre bandes alternées, claires et foncées, appelées « ticking ». La robe est plus longue sur l'épine dorsale et elle se raccourcit graduellement sur la tête, les flancs et les pattes.

NOMBRE DE DÉCLARANTS Selon le LOOF, 299 déclarants ont enregistré au moins une portée depuis 2003 née d'une femelle Abyssin.
87 déclarants ont enregistré au moins une portée née depuis moins de deux ans.

Sphynx

TÊTE La tête du Sphynx est plus longue que large et de taille moyenne. Sa forme est triangulaire, les contours sont prononcés et arrondis, les pommettes et le pinch* sont francs. Le profil offre un dessus de crâne et un front plats qui se prolongent par une courbe concave, se terminant par un nez droit.

YEUX Ses yeux, sont grands, très ouverts et expressifs et en forme de citron. Ils sont de toutes les couleurs, mais toujours en accord avec la robe.

CORPS Le corps est ferme et le format semi-cobby*. La musculature est ronde et visible. La poitrine « en tonneau » est large et profonde. L'abdomen est rond et donne un peu le sentiment que le chat vient de s'alimenter et c'est cela sa particularité, sans pour autant être obèse. Les hanches, la croupe sont toutes deux arrondies.

QUEUE La queue est longue, légèrement épaisse à sa base, et en forme de fouet ce qui lui donne une certaine similarité avec la queue d'un rat.

ROBE Ce chat est nu, il n'a pas de robe, mais il peut présenter un très léger duvet, « peau de pêche ».

NOMBRE DE DÉCLARANTS 502 déclarants ont enregistré au moins une portée depuis 2003 née d'une femelle Sphynx.
189 déclarants ont enregistré au moins une portée née depuis moins de deux ans.

Sacré de Birmanie

TÊTE La tête du Sacré de Birmanie est large et de taille moyenne, triangulaire avec des contours arrondis. Les joues sont pleines. Le front lui, est légèrement arrondi. Le nez est busqué.

YEUX Ses yeux sont presque ronds, grands et bien espacés. La couleur est d'un bleu le plus intense qui soit.

CORPS Le corps est long, puissant, massif. Le dos est droit et régulier.

QUEUE La queue est proportionnée avec le reste du corps et sa taille est moyenne.

ROBE La fourrure est très soyeuse et mi-longue. Elle est courte à la face pour s'allonger petit à petit à partir des joues vers une collerette. Elle est longue sur le dos et les flancs. Le sous-poil est léger et peu abondant. Le poil frisotte parfois sur le ventre. La face, les oreilles, les pattes et la queue du Sacré de Birmanie sont plus foncées que le reste du corps. Le reste est d'une teinte coquille d'œuf très clair. Le dos est beige doré, quelle que soit la couleur des points. Le ventre est blanc cassé. Les pattes ont des gants blancs bien marqués.

NOMBRE DE DÉCLARANTS 3 618 déclarants ont enregistré au moins une portée depuis 2003 née d'une femelle Sacré de Birmanie.
1244 déclarants ont enregistré au moins une portée née depuis moins de deux ans.

Vers de nouveaux

horizons

Un déménagement, les vacances : votre chat change d'univers… Comment s'y préparer et comprendre son comportement ?

Jardin, vacances, voyage… pour un chaton des villes qui devient matou des champs, tout ce qui bouscule ses habitudes est considéré avec méfiance. Nouveau foyer, nouvelles odeurs, nouveaux lieux à explorer, nouveaux congénères : toutes ces découvertes doivent être faites avec le soutien et l'accompagnement du maître, qui aidera son chat à vivre au mieux les périodes un peu à part. Mais laissons-lui la parole, c'est encore lui qui en parle le mieux !

PARTIE 1

D'une maison à l'autre

Nous allons déménager! Ma maîtresse a décidé de quitter son appartement pour acheter une maison. Elle m'a expliqué que beaucoup de choses allaient changer et qu'elle allait m'aider à m'adapter.

Attaché à mon foyer

Un déménagement, ce n'est vraiment pas anodin pour moi. Comme tous les chats, je suis très attaché à mon foyer. Certaines mauvaises langues disent que, contrairement aux chiens, nous sommes plus attachés à notre maison qu'à notre maître, ce qui est tout de même un peu excessif… Mais je connais un vieux matou dont les maîtres ont accepté un poste à l'étranger pour deux ans. Eh bien, ils ont préféré confier le chat à leurs voisins plutôt que le contraindre à quitter sa maison et son jardin. Le matou a vécu pendant deux ans chez les voisins, et le jour du retour de ses maîtres, il les attendait sur le paillasson et est rentré chez lui, comme si de rien n'était.

Depuis le Moyen Âge, nous sommes symboliquement associés au foyer, quand les chiens sont, quant à eux, considérés comme des animaux d'extérieur. Alors que nous chassons bien plus souvent qu'eux ! Mais nous aimons la chaleur et nous sommes capables de supporter des températures bien plus élevées que les humains : ainsi, rester tout près du foyer de la cheminée, où la chaleur atteint facilement les 50 °C, ne nous fait pas peur ! Cette capacité, alliée à notre grand besoin de sommeil, nous a donné la réputation d'animaux attachés à leur confort et à leur maison.

Maneki-Neko

Le chat porte-bonheur japonais est lié au foyer. Le Maneki-Neko est vénéré au temple Gotokuji, à Tokyo. La légende veut qu'un pauvre prêtre vivait là avec son chat. Un soir, un samouraï s'abrite sous un arbre proche, lorsqu'il voit le chat qui semble l'inviter à entrer dans le temple. Le samouraï s'avance alors vers lui, quand soudain l'arbre sous lequel il s'abritait est frappé par la foudre. Le samouraï reconnaissant fait un don important au temple et, à sa mort, le chat est enterré sous une statuette le représentant la patte levée, tel qu'il était lorsqu'il avait invité le samouraï. Le Maneki-Neko représente le « chat qui invite », qui est censé apporter la bonne fortune dans les commerces. On dit que la patte gauche levée attire l'argent, tandis que la patte droite attire la chance.

On se prépare

Dès qu'elle a eu les clés de la maison, ma maîtresse a été y vérifier que rien de dangereux pour moi n'y traînait. Et puis, ne sachant pas si les précédents propriétaires avaient un animal de compagnie, elle a tout nettoyé pour éviter que je ne sois perturbé par des odeurs étrangères.

Afin de m'habituer à l'idée du déménagement, ma maîtresse fait tout pour dédramatiser la situation. Même si elle est très occupée, elle passe malgré tout du temps avec moi. Elle fait de longues pauses câlin et, comme elle sait que j'adore jouer dans les cartons, elle en profite pour lancer de grandes parties de jeux ! Il faut dire que les fournitures de déménagement sont une source inépuisable d'amusement : cartons, chips en polystyrène, ficelle, rouleaux de scotch, papier journal… je me régale !

Le jour J

Le grand jour du déménagement est arrivé. Ma maîtresse a pris toutes les précautions et a laissé mes affaires (panier, gamelles, litière…) en place jusqu'au dernier moment. Ainsi, même si tout était chamboulé autour de moi, j'avais quand même mes points de repère. Et, le matin, une de ses amies est venue me chercher pour m'emmener passer la journée chez elle. Comme ça, je suis en sécurité : pendant un déménagement, il y a des allées et venues, le chat peut se cacher sous un lit, derrière un meuble, on ne le voit plus et, comme tout est ouvert, à la moindre frayeur, il s'échappe dehors! La meilleure solution est donc de nous confier à quelqu'un. Si ce n'est vraiment pas possible, le mieux est de laisser le chat dans une pièce calme (salle de bains, toilettes) fermée à clé, avec sa litière, à boire et à manger. Garnissez son panier avec l'un de vos vêtements, comme ça, le chat sera rassuré par cette odeur familière.

Je découvre mon nouvel univers

Ça y est! Je suis arrivé dans la maison… avec jardin! Ma maîtresse a demandé à son amie de m'amener le soir du déménagement, une fois les déménageurs partis et les meubles en place. Elle a ouvert la cage de transport au milieu de la pièce principale et m'a laissé explorer la maison. Pas un centimètre carré ne m'a échappé!
Dès mon arrivée, j'ai trouvé toutes mes affaires installées. Mes différents lieux de couchage, mes gamelles et ma litière avaient déjà leur place dans des endroits bien distincts. J'ai tout de suite su que j'allais me plaire ici! Pour l'instant, je reste à l'intérieur. Comme je suis un chat d'appartement, il est préférable que je découvre les nouveautés une par une.
Pour que je me sente plus vite à l'aise, ma maîtresse a branché dans la maison un diffuseur de phéromones. En reproduisant les caractéristiques de nos phéromones faciales, ce diffuseur nous apaise et nous aide à nous adapter progressivement à un nouvel environnement. Il est resté branché en continu pendant quatre semaines.

Vive l'indépendance !

Pour qu'à l'avenir je sois parfaitement à l'aise et autonome, ma maîtresse a fait installer une chatière sur la porte de la cuisine, qui donne dans le jardin. Cela me permet d'aller et venir quand bon me semble, c'est idéal! Certains chats font des sérénades incroyables pour rentrer ou sortir, à rendre leur propriétaire fou. Moi, je me tiens bien, mais je suis bien content d'avoir cet accessoire, qui me permet d'être totalement indépendant.
Il existe différentes sortes de chatières. Les plus simples comportent juste une ouverture avec une porte battante. De plus étudiées ont un système de blocage, comprenant quatre positions : entrée uniquement, sortie uniquement, entrée et sortie, ni entrée ni sortie. Mais la Rolls de la chatière est le modèle électronique : le chat porte une clé électronique sur son collier et un capteur est installé sur la chatière. Ainsi, seuls les chats porteurs de la clé peuvent entrer dans la maison. Ces chatières sont équipées des mêmes systèmes de blocage que les

Saviez-vous que c'est le célèbre savant Isaac Newton (1642-1727) qui a inventé la chatière ? On raconte qu'il faisait des expériences chez lui, où il était continuellement dérangé par sa chatte qui demandait à entrer ou sortir. Il eut alors l'idée de pratiquer un trou dans la porte, puis de le recouvrir de feutre pour que la lumière ne pénètre pas dans son laboratoire. On raconte aussi que, quand la chatte a eu des petits, Newton a fait autant de petits trous que de chatons, n'imaginant pas qu'ils suivraient leur mère par le grand trou ! Comme quoi, on peut être un grand savant et manquer parfois de perspicacité...

chatières classiques. Enfin, il existe des chatières à la taille spécialement adaptée aux grands chats (Maine coon, Sibérien...).
Si l'installation d'une chatière est impossible, il existe un détecteur de chat ! Ce système fonctionne également couplé à un collier avec une clé électronique. Dès que le chat est devant la porte, le détecteur le repère et émet un bip.

Le bon collier pour moi

Jusqu'à présent, comme je vivais en appartement, je n'avais besoin ni de collier ni de médaille. Maintenant que j'ai le droit de sortir dans mon jardin, la situation n'est plus du tout la même. Ma maîtresse a décidé de m'acheter un collier, mais elle veut être sûre de ne pas faire d'erreur. Il en existe tellement ! En cuir, en nylon, avec des strass… Le choix va être difficile !

Pour un chat qui va à l'extérieur, le choix du collier est très important et une erreur peut avoir de graves conséquences. Personnellement, je préconise le collier en nylon avec une bande réfléchissante. Nous sommes ainsi bien visibles la nuit et cela peut éviter quelques accidents. Le collier doit absolument être équipé d'un élastique ou d'un système de fermeture sécurisé. Les colliers classiques avec une fermeture façon ceinture sont beaucoup trop dangereux : si nous nous accrochons quelque part, ils ne se défont pas et nous risquons la pendaison. L'élastique ou la fermeture sécurisée nous permettent de nous libérer.

Les colliers équipés d'un grelot sont à double tranchant. L'avantage est que notre maître peut nous repérer au bruit de notre clochette et toujours savoir où nous sommes. L'inconvénient est que les chiens du quartier peuvent aussi nous repérer et savoir tout le temps où nous sommes ! Pour le grelot, la décision de son maintien est donc à prendre en fonction de la situation de la maison, du caractère du chat et du nombre de chiens potentiellement dangereux dans les environs !

Encore mieux avec une médaille

Je porte une puce électronique, mais celle-ci n'est lisible qu'avec un lecteur spécial détenu par les vétérinaires, les associations de protection animale et les gendarmeries. Si je me perds et que quelqu'un me trouve tout près de chez moi, il peut être plus facile et pratique pour lui de simplement lire les coordonnées de ma maîtresse sur une médaille accrochée à mon collier. Il est ainsi reconnu que les propriétaires de chats retrouvent plus vite leur animal si celui-ci est équipé d'une médaille.

Il existe deux types de médailles. La médaille à graver est esthétique et peut être de toute forme, couleur, matière. Mais la place du texte est limitée, il n'est pas possible d'écrire grand-chose de plus qu'un nom et un numéro de téléphone. L'autre solution est le tube adresse : on y dispose un petit papier sur lequel nos coordonnées sont inscrites. En écrivant petit, on peut mettre plus d'informations ! Autre avantage : il est possible de changer le petit papier. Ainsi, en déplacement dans la famille, ou pour les vacances, vous pouvez indiquer votre adresse provisoire.

Le jardin, terre d'aventures

Me voilà lancé dans l'exploration du jardin. Que de nouveautés ! Je n'étais jusqu'alors que brièvement sorti. Là, j'ai la possibilité de prendre mon temps, de tout inspecter et de tout renifler. Le jardin est clôturé de grillage et entouré de tous côtés par les jardins des voisins. Pour l'instant, je suis resté sur mes terres, mais je compte bien aller faire un tour à côté voir ce qui s'y passe.

Le grillage est bien souvent incontournable dans un jardin, mais il peut constituer un grand danger pour nous. En cas de fuite, nous pouvons nous blesser cruellement sur les picots métalliques qui dépassent. Cela peut se manifester sous la forme de griffures au niveau du ventre ou, plus dangereux, d'un petit trou (pattes, menton, ventre…) qui peut très facilement s'infecter. Les chats qui sortent dans un jardin doivent donc être inspectés avec un soin tout particulier par leur maître à la recherche de petites blessures à soigner.

Nous avons la réputation de pouvoir nous faufiler pratiquement n'importe où, rien ne nous arrête ! Un grillage ne constitue absolument pas une barrière pour nous, car nous pouvons l'escalader très facilement. Nous pouvons sauter d'obstacle en obstacle avec une grande facilité, mais nous ne sommes malheureusement pas à même de penser au moyen de revenir… Si nous avons un point d'accès au jardin du voisin, il est fort possible de nous retrouver coincés là-bas… Dans ce cas, seule la vigilance de nos maîtres peut nous sortir d'un mauvais pas !

En cas de nécessité, on réfléchit aux répulsifs

Dans certains cas (proximité d'une route, chien agressif, voisin ailurophobe…), il peut être indispensable pour notre sécurité de nous empêcher de franchir les limites du jardin. Même si je réprouve totalement ces méthodes, je sais bien que cela peut être une question de survie. Voici donc une petite revue des répulsifs.

Nous n'apprécions pas du tout les odeurs d'agrumes, de moutarde et de vinaigre. Il est donc possible d'en vaporiser un lieu de passage, s'il est circonscrit à un petit périmètre, car il faut renouveler cette opération régulièrement, l'odeur s'estompant. Les animaleries vendent des sprays répulsifs contenant plus ou moins les mêmes produits. Toutes les plantes à épines peuvent constituer une barrière naturelle très efficace : rosiers, églantiers, pyracanthas, cactus (attention toutefois : pas de houx, ses baies sont toxiques pour les chats)… Pour les vrais kamikazes que rien n'effraie, il est possible d'installer un capteur infrarouge qui détecte les mouvements et déclenche un ultrason et un flash lumineux de fréquence réglable…

Enfin, lorsque toutes les solutions ont été épuisées et sont restées sans effet, il reste la possibilité de faire poser un grillage avec retour pour empêcher l'escalade dans une partie du jardin (la terrasse par exemple), à laquelle le chat aura accès. Dans ce cas, le grillage est posé avec un important retour en haut (de plusieurs dizaines de centimètres) vers l'intérieur qui empêche le chat de l'escalader.

Comme un chien

On dit que nous sommes des animaux indépendants, qui partons pour de grandes explorations, sans que notre maître ait la moindre idée de ce que nous faisons. Mais certains d'entre nous sont capables de renoncer à cette habitude pour plaire à leur maître. L'arrière-arrière-petit-fils de Gris-Gris, le chartreux du général de Gaulle, m'a raconté que son ancêtre, de son vrai nom Ringo de Balmalon, avait décidé, dès son arrivée à Colombey-les-Deux-Églises, de faire la conquête du général, qui était réputé pour n'aimer que les chiens. Il mit un point d'honneur à se faire aimer du grand homme, à tel point que celui-ci finit par s'exclamer, ravi : « C'est la première fois que je ne fais pas peur à un chat ! » Il faut dire que Gris-Gris avait fait de gros efforts en renonçant à son goût de l'indépendance pour suivre le général comme un petit chien lors de ses promenades dans le jardin de La Boisserie…

Attention aux plantes toxiques

De même qu'il existe des plantes d'appartement toxiques pour nous, certains végétaux du jardin sont très dangereux. Heureusement, tout comme dans notre ancien appartement, ma maîtresse a éliminé du jardin les plantes suivantes et gardé à portée de main les coordonnées du centre antipoison.
Arum, anthurium et spathiphyllum : toute la plante est toxique, même les racines. Les symptômes sont les vomissements, la salivation, la diarrhée, la bouche et les yeux enflammés, des difficultés respiratoires. Il faut rincer la peau et la bouche à l'eau claire et les yeux au sérum physiologique.
Laurier-rose, muguet : toute la plante est toxique, même les fleurs ou les feuilles sèches. Les symptômes sont les vomissements, la salivation, la diarrhée, les convulsions, le coma. Cette intoxication est souvent mortelle.

Tulipe : toute la plante est toxique, surtout le bulbe. Les symptômes sont les vomissements, la salivation, la diarrhée, la prostration.

Ça, c'est chez moi !

Nous avons une notion assez forte du territoire, héritée de l'époque où nous devions chasser pour nous nourrir. Je considère la maison, son jardin et une partie du jardin des voisins (qui n'ont pas de chat) comme mon territoire. Et encore, c'est parce que je suis bien nourri ! Si je trouvais que la maison n'était pas assez généreuse en croquettes, j'agrandirais mon territoire afin d'avoir plus de chances d'attraper des proies.
Nous pouvons nous prélasser dans un jardin ou être nonchalamment couchés sur un muret et, soudain, à l'approche d'étrangers, nous mettre à feuler, à nous dresser sur nos pattes, à gonfler notre poil. C'est que nous n'apprécions pas du tout l'irruption d'inconnus sur ce que nous considérons comme notre domaine. Car pour un chat, un territoire ne se mesure pas en fonction des grillages, barrières ou portes. Il peut très bien avoir décidé que la portion de trottoir devant sa maison est à lui et il considérera quiconque y pénétrant comme un ennemi potentiel…
Notre territoire peut se découper en deux champs territoriaux : les champs d'activité et les champs d'isolement. Les premiers sont le champ de chasse, le champ d'alimentation, le champ d'élimination, le champ de reproduction et le champ de jeu. Nous défendons chaque champ d'activité en fonction de son niveau d'importance. Si un congénère vient

amicalement sur notre champ de jeu, nous n'allons pas le repousser ! Mais si un matou teigneux a l'audace de s'aventurer sur mon champ d'alimentation, cela ne va pas se passer comme ça ! Le champ d'isolement est le lieu où je me repose et où je ne veux être dérangé sous aucun prétexte. Il peut y en avoir plusieurs sur mon territoire, en fonction de l'humeur ou de la saison (tache de soleil, ombre…).
Le champ d'agression, quant à lui, n'est pas vraiment identifiable, car il fluctue en fonction de mon humeur et de ma forme. C'est la distance critique à partir de laquelle je considère qu'une intrusion doit être sanctionnée. Cela peut être quelques mètres ou quelques centimètres…

Mon territoire, je le défends…

Nous avons moins de moyens que nos compères canins pour faire reculer l'ennemi… Nous ne pouvons que tenter de l'intimider en feulant et en gonflant le poil… Ce qui suffit parfois à faire reculer les plus féroces des molosses, peu désireux de se retrouver avec la truffe en dentelle ! Mais les autres chats savent qu'un matou qui défend son territoire peut être un adversaire de poids : ils ne pénètrent alors dans sa sphère d'influence qu'en connaissance de cause, prêts à en découdre. Les bagarres qui s'ensuivent peuvent être terribles, car l'enjeu est de taille : pour l'occupant des lieux, c'est le maintien de son autorité chez lui, pour l'attaquant, il s'agit de conquérir un nouveau terrain et d'asseoir sa suprématie !
Ce comportement n'est pas spécifique aux chats qui vivent dans des maisons : les félins qui vivent à plusieurs dans un appartement ont les mêmes réactions, car ils se sont attribué chacun un bout de territoire, si petit soit-il…

... et je le marque !

Dès que nous avons un territoire, nous devons indiquer à nos congénères qu'il est notre propriété. Tout comme les humains qui mettent leur nom sur la boîte aux lettres et un paillasson devant la porte, nous avons plusieurs techniques pour indiquer aux autres matous que nous sommes chez nous. La première d'entre elles et la plus discrète est le marquage facial, complété par les griffades et le marquage urinaire.
Sur notre menton, nos joues et nos lèvres se trouvent des glandes qui sécrètent des phéromones. En frottant le côté de notre tête, depuis la commissure des lèvres jusqu'au front, nous déposons des phéromones, qui peuvent avoir deux buts. D'une part, elles servent à délimiter notre territoire : en les déposant sur des objets et sur des points de passage (chambranle de porte, pieds de meubles, abri de jardin, souche...), nous balisons notre territoire, ce qui nous permet de nous repérer instantanément. D'autre part, c'est grâce au dépôt de phéromones faciales que nous reconnaissons nos congénères amicaux et les espèces amies. Ainsi, je me frotte régulièrement aux jambes de ma maîtresse, mais aussi sur son menton, ou encore sur le coin de ses lunettes ! Ces marques sont apaisantes et me rassurent. Mais comme elles disparaissent au moindre lavage, je me sens obligé de les renouveler le plus souvent possible !
Nous avons également des glandes qui sécrètent des phéromones entre les coussinets. En nous faisant les griffes, nous délimitons donc notre territoire en laissant des marques odorantes, qui sont également des marques visuelles. Tout support vertical, donc bien visible, fait l'affaire : pied de meuble, bas de canapé, papier peint, arbre... Nous nous étirons verticalement, plantons nos griffes et lacérons le support avec une grande délectation.
Ces griffades, très peu appréciées des humains, font pourtant partie intégrante de notre comportement et ne peuvent pratiquement pas être évitées. Disposer des griffoirs et asperger les points de griffades de sprays de phéromones peut limiter les dégâts, mais rarement complètement détourner notre instinct de griffade.
Le troisième moyen de marquer notre territoire est le marquage urinaire. Cette méthode, pas plus que les griffades, ne rencontre l'approbation des humains. Le marquage urinaire est très facile à distinguer de la manière dont nous faisons pipi habituellement : dans ce cas, nous nous accroupissons, faisons un gros pipi et recouvrons avec de la litière ou de la terre. Pour le marquage, nous choisissons un point vertical (mur, arbre...), faisons le dos rond, tenons la queue bien dressée et frémissante et nous ne faisons que quelques gouttes puis repartons. Bien visibles et odorantes, ces marques sont situées le plus souvent à l'intersection d'une voie de passage et d'un champ territorial.
Le marquage urinaire est régulièrement renouvelé dans la nature pour indiquer notre statut de maître des lieux aux chats de passage. À l'intérieur, nous ne le pratiquons pas, sauf si quelque chose nous perturbe : déménagement, travaux, grand ménage, arrivée d'un autre animal... Ma maîtresse avait utilisé le diffuseur de phéromones à notre arrivée dans la maison, je ne me suis donc pas senti obligé d'y marquer mon territoire. Mais, dans le jardin, vous pouvez être sûr que les chats du voisinage ont vite su qu'il y avait un nouveau venu dans le quartier !

SOS !
Premiers secours

Les chats qui vivent à l'extérieur ont malheureusement plus d'occasions de se blesser que les chats d'appartement. Pour pouvoir leur porter secours, voici quelques astuces de secouriste... Dans tous les cas, le plus important est de garder votre calme. Ne paniquez pas, effectuez les gestes de premiers secours, mais ceux-ci ne doivent ni vous retarder ni vous dispenser d'aller chez le vétérinaire pour vérifier que le chat n'a pas de lésions que vous n'auriez pas décelées, même s'il semble aller bien.

MORSURE

Les morsures de chats nécessitent une attention toute particulière. Comme nous avons de petites dents bien affûtées, une morsure a un tout petit diamètre et elle est rapidement assez profonde. Elle se referme vite, mais comme nous avons des germes dans la bouche, elle peut facilement s'infecter. Dans ce cas, un abcès se forme. L'inspection régulière d'un chat qui a accès à l'extérieur permet de remarquer à temps un gonflement et de le montrer au vétérinaire pour qu'il procède à une incision ou administre des antibiotiques.

FRACTURE

Seule une radiographie permet d'évaluer l'étendue des dégâts. Ne tentez surtout pas de réduire la fracture vous-même, conduisez votre chat chez le vétérinaire.

PERTE DE CONNAISSANCE

Elle peut avoir des causes multiples (trauma crânien, accident vasculaire, coup de chaleur, noyade, tumeur...). En cas de coup de chaleur, il faut rafraîchir le chat avec des linges trempés dans l'eau froide. En cas de noyade, tenez l'animal tête en bas pour évacuer l'eau des poumons. S'il a du mal à respirer, il ne faut pas hésiter à faire du bouche à truffe. Couchez-le sur le côté droit, tête et cou tendus vers l'avant, sortez sa langue et libérez la bouche de ce qui pourrait l'encombrer. Placez votre main autour de son museau et soufflez dans sa truffe, inspirez à côté et recommencez. Il est aussi conseillé de masser les extrémités pour favoriser la circulation du sang. Dans tous les cas, il faut amener le chat le plus rapidement possible chez le vétérinaire.

BLESSURE

Il est indispensable de réaliser rapidement un pansement pour enrayer l'hémorragie. Il faut tout d'abord mettre le membre blessé sous l'eau froide, ce qui permet de limiter l'écoulement sanguin. Appuyez fermement une compresse sur la plaie. Prenez une bande de tissu (n'utilisez jamais d'élastique) et enroulez-la autour du membre, entre la blessure et le cœur. Faites un nœud, insérez un crayon dedans et serrez doucement pour faire un tourniquet. Ne le laissez pas en place plus de 10 minutes.

DÉPLACEMENT

Il peut être nécessaire de déplacer le chat blessé. Dans ce cas, s'il est conscient et coopératif, prenez-le d'une main par la peau du cou et, de l'autre, soutenez son derrière. S'il essaye de vous griffer (ce qui peut arriver même au plus gentil des minous en cas de stress), enveloppez-le (les pattes le long du corps) dans une serviette éponge, que vous serrez bien, en ne laissant sortir que la tête. Si le chat est inconscient, glissez délicatement sous lui une planche ou un plateau pour le transporter sans le manipuler excessivement.

ARRÊT CARDIAQUE

Il peut être consécutif à une électrocution, une maladie cardiaque, une intoxication… Pour faire un massage cardiaque, placez l'animal dans la même position que pour la respiration artificielle. Posez la main gauche bien à plat sur son flanc, juste derrière son coude, votre pouce au-dessus de sa patte avant. Appuyez rapidement sur la poitrine trois fois de suite, soufflez dans sa truffe et reprenez le massage. Procédez ainsi 15 à 20 fois par minute.

TROUSSE DE SECOURS

Il est indispensable d'avoir une trousse de secours à la maison pour pouvoir parer à toute éventualité. Il existe des trousses toutes faites en animalerie, mais vous pouvez la composer vous-même avec :

- des compresses stériles ;
- une bande de coton ;
- une bande autofixante ;
- du sparadrap ;
- du coton ;
- un désinfectant ;
- des ciseaux ;
- une pince à épiler ;
- des gants jetables ;
- une serviette ou un linge pour contenir le chat.

PARTIE 2

Le temps des vacances

Ma maîtresse a commencé à faire sa valise et je m'y suis lové entre deux piles de vêtements bien pliés... Nous allons bientôt partir en vacances ! Cette fois, je suis du voyage, car elle se rend dans sa résidence secondaire. C'est la première fois que j'y vais, mais nous y retournerons souvent. Cela me convient parfaitement ! Je n'apprécierais pas du tout d'être emmené dans des lieux différents à chaque fois. Il me faut le temps de m'habituer, de m'adapter... Là, je peux découvrir ce nouveau territoire à mon rythme, en sachant qu'il deviendra ma seconde maison pour les vacances.

Mais pour partir, pas question de valise pour moi, je vais retrouver ma cage de transport pour voyager dans les meilleures conditions possibles.

Comment dois-je voyager ?

Il existe plusieurs moyens de nous transporter : panier en osier, sac, cage. Je déconseille formellement le panier en osier. Il est très joli, mais peu pratique. Certains chats stressés par le voyage peuvent s'y attaquer et le détruire consciencieusement. D'autres, tout aussi mal à l'aise, peuvent vomir ou faire leurs besoins dedans : le nettoyage en est alors pratiquement impossible.
Je ne suis pas non plus enthousiasmé par les sacs. Là encore, quelques énervés peuvent s'y attaquer et parvenir assez rapidement à les déchiqueter. Par ailleurs, si vous voyagez en train, dans la cohue des gares, il est fréquent que des passagers se heurtent, des valises s'entrechoquent… Un sac n'offre alors que très peu de protection au pauvre chat qui se trouve à l'intérieur.
L'idéal est donc la cage de transport en plastique moulé, bien résistante et facile à nettoyer en cas d'accident. Placez au fond de celle-ci une alèse jetable, que vous pourrez changer en cas de petit oubli pendant le voyage. Choisissez une cage à la poignée large et ergonomique : vous allez devoir porter le chat pendant un certain temps et, s'il est un peu enveloppé, vous risquez d'avoir vite mal aux mains. Si votre protégé n'est pas enthousiasmé à l'idée de rentrer dans cette boîte en plastique, choisissez un modèle avec ouverture sur le dessus, dans lequel il est plus facile de le faire pénétrer. Une petite vaporisation de spray aux phéromones dans la cage de transport peut également permettre au chat de s'y sentir mieux. Et, si cela s'avère nécessaire, il existe de nombreux traitements contre le mal des transports.
Pour voyager avec le maximum de confort, il existe enfin des kits de voyage. Ils peuvent comprendre une gamelle pliante, une gourde (bouteille avec un réceptacle pour boire intégré) et une litière (bac jetable et litière).

En voiture… Idéal si j'y suis habitué tout petit

Les voyages en voiture sont bien sûr les plus simples, à condition que votre chat y soit habitué. Il est important de lui faire faire son premier voyage alors qu'il n'est qu'un chaton. Il faudra le familiariser progressivement, par étapes courtes en dédramatisant complètement le trajet : il ne faut pas que cela devienne un mauvais souvenir. Ainsi, quand vous devrez faire un long voyage, il sera parfaitement à l'aise en voiture.
Le code de la route ne donne aucune indication sur les chats, mais il est bien évident que nous ne devons pas voyager en liberté dans l'habitacle. Un coup de frayeur peut nous faire faire une bêtise et, en cas de freinage, nous risquons d'être blessés ou de blesser un passager.
En voiture, si votre matou ne supporte pas bien le panier (qui doit être posé sur le sol ou arrimé à la banquette), vous pouvez l'attacher à l'arrière au moyen d'une laisse et d'un harnais spécifiques. Soyez malgré tout très prudent lors des arrêts, surtout sur les parkings au bord des routes et autoroutes. N'ouvrez jamais brusquement la portière et assurez-vous que votre chat est bien attaché avant de le laisser sortir.

Si vous voyagez en voiture avec votre chat, soyez très vigilant par temps chaud. En effet, la température monte extrêmement vite dans une voiture, même garée à l'ombre, même les fenêtres ouvertes. En quelques minutes, elle peut dépasser 50 °C, ce qui risque de provoquer un coup de chaleur : le chat est essoufflé et il respire mal. Il faut rapidement le rafraîchir avec des linges trempés dans l'eau froide. Si l'animal a du mal à respirer, il ne faut pas hésiter à faire du bouche à truffe. Vous pouvez aussi lui masser les extrémités pour favoriser la circulation du sang. Dans tous les cas, il faut amener le chat le plus rapidement possible chez le vétérinaire.

En train

Il est important que votre chat soit habitué très jeune aux voyages en train : la promiscuité, l'agitation et la présence d'éventuels autres animaux peuvent être difficiles à supporter. Il peut également indisposer les autres voyageurs par des miaulements incessants. Il faut donc être sûr qu'il se comportera correctement.
Pour les voyages en train, il faut, au moment de la préparation du voyage et suivant le type de train emprunté, penser à prendre un billet pour votre chat à la SNCF. Nous voyageons gratuitement sur les Ouigo, Italo (voyages vers l'Italie), Lyria (voyages vers la Suisse) et Thalys

(voyages vers la Belgique et les Pays-Bas), mais sur les TGV, Intercités, TER et RENFE (voyage vers l'Espagne), notre maître doit s'acquitter d'une somme forfaitaire (7 €). Nous sommes interdits dans l'Eurostar. Dans tous les cas, nous devons voyager dans un panier ou un sac de transport n'excédant pas 45 × 30 × 25 cm.

En avion

Nous avons le droit de voyager sur la plupart des compagnies aériennes traditionnelles. En revanche, les compagnies low cost (RyanAir, Easy Jet…) ne nous acceptent pas. Nous pouvons voyager en cabine, à condition que notre poids n'excède pas 6 kg, cage de transport comprise. Il ne faut pas être enrobé, car une cage peut vite peser 2 kg ! Nous sommes considérés comme un bagage supplémentaire, qui doit faire l'objet d'un billet à part dont le prix est variable selon la destination. Dans tous les cas, il vaut mieux se renseigner à l'avance (conformité de la caisse, autorisation, tarifs…).

En bateau

Les compagnies de ferries (Corsica Ferries, SNCM, Brittany Ferries…) nous acceptent à bord, dans notre cage de transport. Mais les conditions sont différentes d'une compagnie à l'autre. Les tarifs varient et, selon la compagnie, nous pouvons rester avec notre maître ou nous devons faire le voyage dans la voiture. Renseignez-vous à l'avance.

Les papiers

Pour voyager avec votre chat dans la plupart des pays de l'Union européenne, il faut que l'animal soit identifié par puce électronique, vacciné contre la rage et titulaire d'un passeport européen délivré par un vétérinaire, attestant de son identification et de sa vaccination.
Le passeport européen est également nécessaire pour voyager entre l'Union européenne et les pays suivants : Andorre, Islande, Liechtenstein, Monaco, Norvège, San Marin, Suisse, Vatican.
Attention : Certaines règles restent variables en fonction du pays de destination (dans et hors Union européenne). Il faut donc, plusieurs mois avant de partir, se renseigner auprès des ambassades ou consulter les sites internet des ministères de l'Agriculture ou des douanes de ces pays pour connaître les conditions d'entrée des félins.
Si vous séjournez dans un camping ou un club de vacances, celui-ci peut également exiger la présentation des papiers, et la preuve de la vaccination du chat… à ne pas oublier de mettre dans la valise donc !

Le temps des rencontres

Selon l'endroit où je vais en vacances, je peux rencontrer de nombreux voisins félins, plus ou moins sympathiques. Contrairement au chien, qui est un animal social et vit sans problème en meute comme son ancêtre le loup, nous, les chats, ne vivons pas vraiment en communauté. Nous sommes généralement des animaux solitaires, qui nous retrouvons pour de brefs moments (reproduction, élevage des petits). Toutefois, nous pouvons vivre en colonies, contraints par l'homme (élevage, colonies de chats libres nourris par les humains).

Un meilleur copain

Malgré tout, chez les chats comme chez tous les autres animaux, des attirances peuvent soudain lier deux individus. L'alchimie qui lie deux chats entre eux est complexe. L'odeur joue une part essentielle dans cette amitié soudaine. Les phéromones dégagées par chaque individu donnent des indications aux autres chats sur le statut de l'animal : femelle en chaleur, mâle dominant, jeune, vieux… autant de critères qui rendront une amitié possible ou non. Si toutes les conditions sont réunies pour que deux chats deviennent de grands copains, alors ce sera à la vie à la mort. Ainsi, j'ai fait la connaissance d'un voisin, et nous sommes devenus inséparables ! Nous avons même décidé de faire alliance contre un intrus pour l'expulser sans ménagement de notre territoire !

Amour de vacances

J'ai aussi fait la connaissance d'une adorable petite chatte noir et blanc, qui a une tache en forme de cœur sur son pelage. Pour lui faire la cour, je me suis approché, j'ai tourné un peu autour d'elle, j'ai marqué mon territoire… Elle n'avait pas l'air insensible à mon charme, mais je crois qu'elle n'était pas d'humeur à se laisser conter fleurette : quand j'ai tenté une approche plus directe, elle m'a donné un bon coup de griffes sur la truffe !

Les chattes n'acceptent pas qu'un matou leur fasse la cour en dehors des périodes de chaleur. Celles-ci apparaissent pour la première fois au printemps, vers l'âge de sept mois. Mais, selon les races, cela peut commencer plus tôt. Ainsi, les chattes Abyssin, Sacré de Birmanie ou Siamois peuvent avoir leurs chaleurs entre quatre et six mois, tandis que les Persans les ont plus tard, à un an. Les chaleurs durent de quatre à dix jours, généralement entre janvier et octobre. Durant la période de chaleur, la chatte miaule, se frotte un peu partout… Elle indique ainsi qu'elle est prête à se reproduire. C'est à ce moment que son prétendant a une chance de gagner son cœur. Mais les raisons pour lesquelles une chatte porte son choix sur l'un ou l'autre demeurent obscures…

Amours interdites

J'ai toujours bon espoir de réussir à séduire ma jolie voisine, mais je sais que je suis un privilégié de pouvoir penser à l'amour. La plupart de mes voisins et voisines ne connaîtront pas ce plaisir, car ils sont stérilisés. Sur le moment, quand ils m'ont dit ça, j'ai bondi : comment leurs maîtres ont-ils pu leur faire une chose pareille ? Ils m'ont expliqué que cela partait de bons sentiments. Tout d'abord, les chats entiers sont plus bagarreurs (je suis bien placé pour le savoir). Ensuite, beaucoup de maladies peuvent se transmettre lors de bagarres, mais aussi pendant l'accouplement. Enfin, les chattes non stérilisées font tout pour échapper à la surveillance de leurs maîtres. Et, quand viennent les chatons, il n'est pas toujours facile de trouver quelqu'un pour les adopter. Pour éviter la surpopulation et préserver la santé de leurs matous et de leurs minettes, leurs maîtres ont donc fait le choix de la castration ou de la stérilisation. Mes amis ne s'en portent finalement pas plus mal. Ils doivent juste faire un peu plus attention à leur ligne, car l'embonpoint les guette…

Quand le chat n'est pas du voyage

Voyages organisés, clubs de vacances, trekking en montagne, amis allergiques… Les raisons pour lesquelles nous ne pouvons pas partir en vacances avec nos maîtres ne manquent pas !

Pour les chats qui ne partent pas en vacances, il existe quatre possibilités : la pension, le cat-sitting, la famille d'accueil ou rester seul à la maison. Que ce soit pour un week-end ou pour plusieurs semaines, le choix d'une solution de garde ne doit pas se faire à la légère. Vous devez en effet tenir compte du caractère de votre chat, du sérieux du lieu envisagé et… de vos moyens financiers.

Selon la solution choisie, la garde de votre chat peut s'accompagner de démarches administratives. Pour une pension, il faut fournir au pensionneur la carte d'identification et le carnet de santé de votre matou. Celui-ci doit être à jour de ses vaccins, vermifugé et traité contre les parasites externes. Dans tous les cas, la personne qui aura la charge du chat doit vous remettre un document, le contrat de garde. Celui-ci sera signé par les deux parties : vous vous engagerez à payer la somme convenue pour la durée prévue et la personne qui le gardera s'engagera à soigner votre animal si nécessaire et à vous le rendre à la fin de sa période de garde.

La pension

Il existe des pensions un peu partout en France, et plus particulièrement à proximité des grandes villes. Il est préférable de partir en quête du lieu idéal qui nous accueillera quelque temps avant le départ. Cela permet de visiter plusieurs pensions avant de faire son choix : nous ne pouvons pas nous accommoder de n'importe quel lieu.

Pour que votre chat vive au mieux cette période de séparation, pensez à apporter à la pension son panier et ses jouets. Vous pourrez y joindre un vieux pull vous appartenant, afin qu'il se sente en sécurité au milieu de ces odeurs familières. Suivant le niveau de la pension, les attentions prodiguées aux chats varient du tout au tout. Dans les plus modestes, l'espace dévolu au chat est une cage juste assez grande pour accueillir un couchage, une litière et un espace pour les gamelles. Dans les pensions haut de gamme, l'animal dispose d'une petite pièce, avec arbre à chat, jeux et accès à l'extérieur avec jardin privatif… Les soins donnés par le personnel varient également : ils peuvent se limiter à donner à manger et à nettoyer la cage, ou s'étendre à passer du temps en jeux, caresses ou séances de toilettage.

Le cat-sitting

Pour ceux d'entre nous qui sont très attachés à leur maître, la pension est un véritable calvaire. Laissés seuls dans une cage toute la journée, ils peuvent dépérir, voire s'infliger des plaies en se léchant de manière compulsive. Dans ce cas, la solution peut être le cat-sitting. Il existe deux formules de cat-sitting : quelqu'un passe deux à trois fois par jour pour nous donner à manger et pour nous câliner, ou s'installe à domicile pendant toute la durée de vos vacances. Cette seconde formule a l'avantage d'assurer une présence, ce qui peut être également appréciable pour limiter les risques de cambriolage pendant les périodes de grandes vacances, par exemple. Des associations de retraités se sont organisées pour proposer un service de cat-sitting. Ainsi, des personnes âgées ont le plaisir de changer de cadre et de se dépayser un peu, tout en gardant le chat et en surveillant la maison. Quant aux personnes qui visitent le chat deux à trois fois par jour, ce sont souvent des lycéens ou des étudiants qui veulent gagner un peu d'argent de poche.

La famille d'accueil

Les familles d'accueil sont des gens qui aiment tout particulièrement les chats et qui en prennent régulièrement à domicile pour les garder. Leur prix peut varier du tout au tout. Chez certains, l'amour des chats l'emporte sur la rentabilité et ils acceptent d'accueillir gratuitement des chats chez eux, pour peu que leurs propriétaires fournissent la nourriture. D'autres se comportent comme de véritables petites entreprises et proposent de nombreux services en plus de la garde : accompagnement chez le toiletteur, le vétérinaire, etc. Cette solution présente l'avantage que, pendant votre absence, votre chat se trouve dans un cadre familial où il est « chouchouté » comme à la maison. En outre, le contrat signé entre les deux parties précise leurs obligations. Vous pouvez y indiquer les soins particuliers que vous souhaitez voir prodiguer à votre matou, ainsi que les traitements médicaux à lui administrer.

Je reste seul

Enfin, pour les courtes absences (un week-end par exemple), les chats peuvent rester tout seuls à la maison. Je l'ai déjà fait, et cela s'est très bien passé. Ma maîtresse a changé mon bac avant de partir pour qu'il soit tout propre. Elle a mis de l'eau fraîche dans la fontaine à eau et a acheté un distributeur de nourriture. Comme je mange des croquettes, elle a pris un modèle avec container qui se vide dans une écuelle. Pour les chats qui mangent de la pâtée, il existe aussi des modèles à réceptacles dont l'ouverture est programmable. Ainsi, la nourriture ne s'abîme pas, c'est parfait !

miaou
SANTORINI

miaou

BON VOYAGE!
miaou

miaou

vector

Chats du monde

Une vie de rêve dans les îles des Cyclades

Le bonheur est une petite chose que l'on grignote, assis par terre, au soleil.

Jean Giraudoux

Au pays des chats

La Grèce est le paradis des chats, ils s'y promènent partout en liberté. Les premiers félins arrivés dans ce pays étaient égyptiens. Vers 450 av. J.-C., l'historien Hérodote fait connaître cet animal aux Grecs qui n'hésitent pas à se rendre en Égypte pour y voler quelques spécimens afin qu'ils chassent les rats. Puis les Grecs en vendent quelques couples aux Romains et aux Gaulois.

Gata

Dans l'Antiquité, les Grecs appelaient le groupe animal comprenant les chats, les belettes, les martres et les fouines *galé*. Le chat domestique, quant à lui, était nommé *ailuros*. En grec moderne, « chat » se dit *gata*. Il miaule en faisant *mau* !

Une vie de rêve

Dans les îles des Cyclades, perdues dans la mer Égée, les chats trouvent tout ce qui est nécessaire à leur bien-être : ils lézardent au soleil, chassent dans les dédales de rues, sautent depuis les nombreux promontoires naturels… et admirent la mer, dont les reflets les fascinent. Véritable attraction pour les nombreux visiteurs de l'archipel, les félins des Cyclades sont choyés durant la saison touristique. Les chats errants forment généralement des bandes très hiérarchisées, au sein desquelles ils se sentent mieux protégés.

Bonne pêche

Les chats des Cyclades aiment attendre sur les quais le retour des bateaux après les pêches matinales. Par expérience, ils savent qu'il y aura à manger pour tous. Généreux, les pêcheurs grecs leur jettent chaque jour des dizaines de poissons sur les dalles de pierre.
Les ancêtres de ces chats étaient eux aussi payés en poisson pour éliminer rats et souris qui dévoraient les vivres et rongeaient les cordages des gros voiliers.

Une affection millénaire

Dans les îles, l'amitié entre les humains et les chats vivant en liberté remonte à des temps très lointains. Embusqués ou se reposant en plein soleil, ces félins errants n'ont pas de maîtres, mais vivent sous la protection de toute la communauté villageoise. Pour Hans Silvester, le grand photographe des matous des Cyclades, « les chats sont là depuis toujours, tout comme le vent, le soleil, la mer, le jour et la nuit ».

De fidèles compagnons

Les chats attendent les habitants à la sortie des petites maisons de pierre et les accompagnent au fil de la journée. Certains espèrent une récompense comestible en échange de cette fidélité, d'autres recherchent plus simplement un geste d'affection. En échange, les félins ont toujours protégé les maisons et les embarcations contre les rongeurs. En revanche, les habitants ne laissent jamais entrer les chats dans les maisons, pour éviter qu'ils ne prennent de la nourriture.

Comportementaliste miaou

Un divan pour mon chat & moi

Confessions d'une thérapeute

Anne-Claire Gagnon, vétérinaire spécialisée en comportement félin, étudie l'éthologie* depuis 1985. Elle réunit ses deux passions en écrivant sur son animal préféré pour la presse professionnelle, la presse grand public et l'édition. Elle est notamment l'auteure de *Mon chat sur le divan* et *Ce chat qui a changé ma vie*, deux livres publiés aux Éditions Larousse. Son nouvel ouvrage, *Soyez Chat !*, qui détaille les leçons de sagesse que nous enseignent les chats, vient de paraître. Elle nous fait partager son amour pour ce félin.

* Étude scientifique du comportement des espèces animales dans leur milieu naturel.

miaou : Quel est votre parcours, et qu'est-ce qui vous a mené aux félins ?

Anne-Claire Gagnon : J'ai toujours eu des chats à la maison, jusqu'à cette date fatidique, en mai 1968, où Margotte m'a griffée : suite à cette griffure sur la main droite, j'ai fait un coma, j'avais sept ans. Les médecins de l'époque ont dit que c'était une forme rare de la maladie des griffes du chat, pour ne pas incriminer le BCG que j'avais reçu juste avant. À mon retour à la maison, Margotte n'était plus là... Puis... plus de chats jusqu'à mes douze ans, et pas de chat « à moi » avant la fin de mes études de vétérinaire. J'ai soutenu une thèse, *Le Chien et l'enfant*, dans le laboratoire de psychophysiologie dirigé par le professeur Hubert Montagner. Dans le cadre de cette thèse, il fallait observer pendant une heure les interactions entre le chien et l'enfant de la famille, caméra sur l'épaule. L'exercice ne fut pas compliqué, car le chien est un animal prêt à faire n'importe quoi pour plaire aux humains ! Avec un chat, l'exercice aurait été une autre histoire, le bruit et notre présence l'auraient probablement conduit à rester caché et nous serions rentrés bredouilles... J'ai rapidement été journaliste pour la presse vétérinaire, la presse animalière et la presse grand public, et maintenant pour internet.

J'ai d'abord travaillé dans une clinique généraliste pour chiens et chats et là, certains enfants me demandaient : « Pourquoi as-tu plus de photos de chats que de chiens dans ta salle d'attente ? ». Je répondais alors : « Parce qu'ils sont trop beaux. ».

> « Avec un chat, on ne peut que proposer, on ne peut rien imposer. Ce n'est pas une relation dominant/dominé, mais un lien d'égal à égal. »

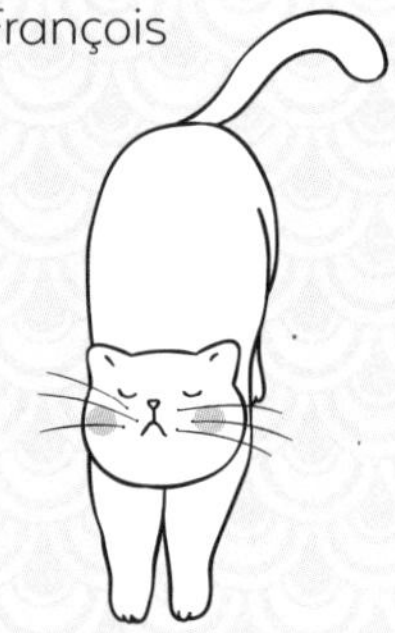

J'ai ensuite travaillé pour un laboratoire pharmaceutique vétérinaire (Rhône-Mérieux), où j'étais la « Madame Chat ». On m'a remerciée en 2001 et mon fils, qui n'avait alors que quatre ans, m'a dit : « Puisque tu aimes les chats, va au bout de ton rêve... Ne fais que chat ! » J'ai donc créé une clinique réservée aux chats !

miaou : Cette spécialité de comportementaliste, comment s'est-elle installée ?

A.-C. G. : Dès les années 1990, j'avais identifié qu'il n'y avait aucun livre vétérinaire portant sur le comportement félin en langue française. Il en existait en anglais, mais la langue était un frein pour certains de mes confrères. Alors, en 1991, Jean-François Larue, Jean-Paul Chaurand et moi-même avons commencé à écrire le premier ouvrage sur le comportement du chat en langue française. *Le Comportement du chat et ses troubles* a été réédité plusieurs fois... La médecine féline est aujourd'hui une discipline à part entière, mais à l'époque ce n'était pas le cas.

miaou : Le chat est-il le premier animal de compagnie en population ?

A.-C. G : Il y a 13 millions de chats de compagnie, et seulement 5,8 millions sont identifiés alors que l'identification est obligatoire. Cela signifie que si le chat se perd, sans être identifié, il risque d'être euthanasié. Les chiffres donnés par la DGAL* sont affligeants : 8 593 chats ont été euthanasiés en

* Direction générale de l'alimentation, qui veille à la santé et à la protection des animaux et des végétaux et à la sécurité des aliments.

Angélique

fourrière en 2016. Le chat est certes le premier animal de compagnie, mais il n'est ni reconnu ni protégé à la hauteur de l'affection qui lui est due. Le nombre d'euthanasies des chats errants est très important. Le chien, lui, est systématiquement identifié et mieux médicalisé. Il y a une sorte d'injustice…
Quand j'ai ouvert ma clinique pour chats à Lyon en 2003, mes confrères me demandaient ce qu'il y avait de plus chez moi que dans les autres cliniques, qui n'étaient pas spécialisées. Je leur répondais : « En plus rien, en moins, les chiens ! C'est donc plus calme, il n'y a pas les bruits et les comportements des chiens, même si cela est très sympa et vivant, il n'y a pas leurs odeurs non plus. Les structures sont plus cosy et moins grandes. De plus, nous avons une mascotte, un chat en bonne santé qui se balade et accueille les gens. ».

miaou : Vous travaillez toujours en clinique ?
A.-C. G : Je ne suis plus actuellement praticienne, mais j'ai une activité de conseil et de formation à Lille. J'aide les confrères à mieux prendre en charge les chats dans les cliniques avec les égards qui leur sont dus. Beaucoup de morsures arrivent à cause d'une manipulation précipitée. Je fais des consultations de comportement à domicile, c'est plus efficace d'aller chez les gens. Je vois les chats dans leur environnement, au sein de leur famille. Je peux proposer des modifications dans le foyer (emplacement de la nourriture, du bac…).

miaou : En quoi le chat peut-il nous guider ?
A.-C. G : Je suis convaincue que le meilleur coach de vie est le chat, je l'ai vu avec mon fils : mon chat l'a mieux éduqué que moi ! Avec un chat, on ne peut que proposer, on ne peut rien imposer. Ce n'est pas une relation dominant/dominé, mais un lien d'égal à égal, le chat nous apprend donc le respect de l'autre. Les chats nous apprennent à être attentif, accepter que l'autre n'ait pas envie, accepter sa différence en quelque sorte…
Angélique, ma chatte âgée de 17 ans, est craintive : elle réagit quand j'ai trop d'énergie. Lorsque j'arrivais à la clinique, je sentais à son contact qu'il

fallait que je me calme et que je respire, car pour bien se comporter avec un chat, il ne faut pas le brusquer ni crier. Angélique est mon miroir, mon guide, elle ressent mon stress. Je fais attention à la façon dont je marche en sa présence, et je ralentis. Le chat a l'art de prendre le temps, pour lui, pour les autres, en nous apprenant à faire la sieste sans nous sentir coupable! Il nous fait sentir plus vivants et nous reconnecte avec la vraie vie sans être pendu au téléphone et aux ordinateurs… Mon chat Léo faisait tomber les choses de mon bureau pour que je fasse une pause!

Zelda, la chatte d'un EHPAD (Établissement d'hébergement pour personnes âgées dépendantes), a été accueillie par l'équipe soignante. Elle vit sa vie et se déplace d'une chambre à l'autre, elle est une sorte d'agent de liaison de la structure. Le chat rend plus humain et bienveillant. J'ai une amie présidente de refuge qui y organise des visites pour des enfants maltraités et lorsque ces enfants présentent la pièce avec les chats aux enfants des autres écoles, ils leur disent bien qu'il ne faut surtout pas crier si l'on veut approcher les chats.

Le beau-père d'un ami est décédé brutalement, laissant sa femme, Margot, dans une grande détresse après cinquante ans de vie commune. Elle a tout perdu quand il est mort. Elle a dû déménager, changer de décor, et elle s'est retrouvée seule. Il manquait une présence. Son gendre vétérinaire, Jean-Pierre, a pensé à lui faire adopter un chat, et c'est comme cela qu'Hémie est rentrée dans sa vie. Margot était de nature réservée, pudique. Bien sûr, elle adorait ses enfants et petits-enfants, mais elle n'était pas très câlins. Grâce à Hémie, elle a

Léo

sociabilisé avec les voisins. Hémie a transformé Margot, émue par la chatte, à qui elle autorisait même des câlins. Le chat lui a fait comprendre que la tendresse n'est pas un signe de faiblesse… je suis détendue, quand je brode ou tricote tranquille sur le canapé, le chat vient. Je suis alors dans un état très semblable au sien, le chat se dit : « Je peux m'installer à côté d'elle… ».

« Comment se fait-il que nous aimions les chats, mangions les porcs et nous habillions de vaches ? »

Matthieu Ricard, préfacier de *Ce chat qui a changé ma vie*

miaou : Certaines personnes affirment que leur chat sent leur douleur…

A.-C. G : Effectivement, et c'est démontré scientifiquement. Les chats ont tendance à nous porter assistance, ils sont sensibles à nos douleurs et à nos états d'âme, notamment à la dépression. Ils peuvent s'approcher pour nous stimuler, venir nous donner un coup de tête sur le front. Ils ont un remarquable sens de l'observation et savent mettre la compassion en action. Le fait même d'être attentif au chat qui vient à nos côtés nous apaise et nous permet de moins focaliser sur notre douleur.

miaou : Les autres animaux aussi apportent de l'affection…

A.-C. G : Oui, c'est juste, mais le chat est un animal de proximité. Il peut grimper sur la table, rester à côté de nous sur ou même dans le lit. Ce qui n'est pas le cas du chien ou du cheval.

miaou : Que pensez-vous de la ronronthérapie ?

A.-C. G : Nous manquons d'éléments scientifiques, et tous les chats ne ronronnent pas, ce qui ne les empêche pas d'être d'excellents thérapeutes ! L'amour de chat de ma vie a commencé à ronronner à 14 ans… Tenir un chat contre soi n'est pas si évident, on ne peut pas l'obliger à venir. Quand

miaou : Quels sont les cas qui vous ont marquée en tant que comportementaliste ?

A.-C. G : J'ai connu des gens qui avaient une chatte, puis ils ont adopté un chat errant. Et comme beaucoup de maîtres, ils ont été attristés et surpris que les deux chats ne tombent pas dans les bras l'un de l'autre. Je me suis rendue chez eux, et je leur ai proposé des exercices pour mettre les deux animaux en contact positivement. Cela a pris du temps, mais leurs efforts ont été récompensés. Les chats préfèrent parfois être seuls que mal accompagnés, et prendre un autre chat signifie prévoir un temps d'adaptation et un aménagement pour que chacun ait sa pièce et ses affaires. C'est un animal plutôt indépendant, autonome, qui ne craint pas la solitude, sans être pour autant égoïste !

Mon chat sur le divan
Larousse

Ce chat qui a changé ma vie
Larousse

L'instant zen

Des exercices de bien-être à pratiquer avec votre chat pour devenir zen comme lui !

« Les chats sont des êtres mystérieux, nous ne sommes pas conscients de tout ce qui leur traverse l'esprit. »

Walter Scott (1771-1832), écrivain écossais

Ouvrez-vous au monde

VOTRE CHAT

Les chats sont de grands explorateurs de leur environnement. Les matous qui sortent font quotidiennement le tour de leur territoire pour se tenir au courant des dernières nouvelles, grâce aux traces olfactives laissées par leurs congénères. Les chats qui vivent à la maison ne sont pas moins des explorateurs nés. Une porte fermée est inacceptable : chaque pièce doit pouvoir être inspectée. Tout nouvel élément dans l'univers de ces matous est l'objet de toutes les attentions.

VOUS

Découvrir de nouveaux lieux, de nouveaux horizons est un enrichissement de l'esprit qui perdure. Que l'on parte au bout de la rue ou au bout de la planète, explorer son monde n'apporte que des bienfaits.
Car voyager permet de :

- se découvrir soi-même ;
- faire de nouvelles rencontres ;
- gagner en confiance ;
- s'ouvrir à de nouvelles cultures ;
- se créer de beaux souvenirs.

Quels lieux avez-vous envie d'explorer ?
Listez ici les endroits que vous souhaitez visiter dans votre ville ou votre région, en France et dans le monde.

Yoga :
la posture du chat

Les chats, c'est bien connu, sont des maîtres yogis !
La façon dont ils bougent en est la preuve indiscutable.

Et si vous imitiez votre matou en adoptant la posture du chat ?
La fluidité et la lenteur des mouvements du yoga sont en parfaite harmonie avec ceux du chat. La posture du chat, ou Mârjârâsana, alterne les positions dos creusé/dos rond. Cette posture permet d'étirer la colonne vertébrale, d'assouplir le bassin, de faire circuler l'énergie et par conséquent de lâcher prise. Elle se pratique lentement, en étant très attentif à la précision du geste et concentré sur sa respiration. Elle peut être pratiquée tous les jours.

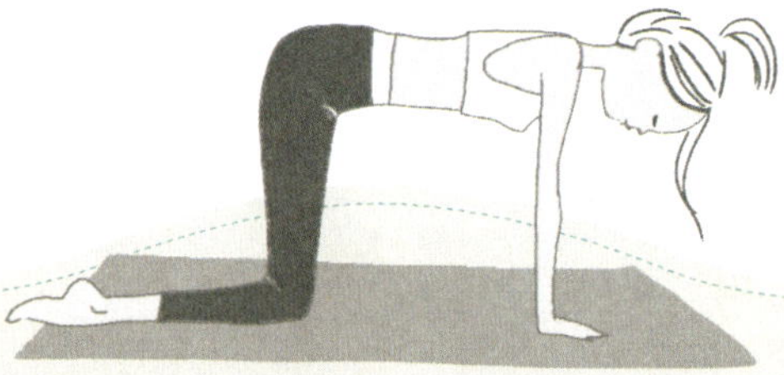

1

- Mettez-vous à genoux, les jambes légèrement écartées.
- Penchez-vous et prenez appui sur vos bras.
- Gardez les épaules les plus relâchées possible.
- Les genoux sont au niveau des hanches et les mains sous les épaules.

« L'idée du calme est dans un chat assis. »

Jules Renard (1864-1910), auteur français

Notez ici vos progrès
dans la réalisation
de cette posture.

2

- Inspirez profondément et creusez doucement le dos.
- Laissez votre ventre descendre vers le sol.
- Relevez la tête lentement.

3

- Expirez lentement.
- Arrondissez le dos en le poussant vers le plafond.
- Creusez le ventre.

On peut se figurer le chaton transporté dans la gueule de sa mère et ainsi relâcher totalement le haut du corps à l'expiration.

Alternez les deux positions six fois.

Faites du yoga avec votre chat

Si vous pratiquez régulièrement le yoga chez vous, vous savez que votre félin n'aime rien tant que participer à vos séances… à sa manière !

Alors plutôt que frôler la cata en essayant de gérer minet qui vous grimpe sur le dos, associez-le à vos postures. Vous partagerez ainsi avec lui ce moment apaisant, ce qui renforcera vos liens.
Mais attention ! Ne pratiquez le yoga avec votre chat que si celui-ci présente un caractère souple et se laisse facilement manipuler. Pas question de vous stresser tous les deux s'il n'est pas enclin à participer. De plus, évitez de faire du yoga avec votre chat si celui-ci est un « gros pépère » : il pourrait être trop lourd pour certaines postures et vous risqueriez de vous faire mal.

Voici quelques positions de yoga à pratiquer avec votre chat :

« Je crois que les chats
sont des esprits venus sur Terre.
Un chat, j'en suis convaincu,
pourrait marcher sur un nuage. »

Jules Verne (1828-1905),
auteur français

Ronronthérapie à emporter

Durant l'été, comment bénéficier tout le temps et partout des ronronnements bienfaisants de votre chat ? Les chats ne sont pas réputés pour être de grands voyageurs et, de toute façon, il est fort probable que tout changement d'univers inhibe leur faculté à ronronner avant de trouver leurs marques. Pour ne pas se priver du ronronnement apaisant de votre chat, il est facile de l'enregistrer.

Comment enregistrer les ronronnements de votre chat ?

- Lors votre prochaine séance de ronron avec votre chat, gardez votre téléphone portable à portée de main.
- Une fois que votre chat est bien installé et ronronne comme une locomotive, activez le mode « dictaphone » et placez le micro le plus près possible de son museau. Ne le placez pas contre sa gorge, le son serait moins fort.
- Prenez garde à éviter les bruits parasites (bruits d'environnement, frottements, etc.) et évitez que votre chat lèche le micro ou se frotte contre lui, dans la mesure du possible !
- Une fois l'enregistrement terminé, enregistrez-le dans votre playlist de manière à pouvoir le réécouter facilement.

Pour en savoir plus sur la ronronthérapie et vous exercer à adopter la féline zen attitude, retrouvez les conseils d'Isabelle Collin dans son cahier d'exercices *Zen comme mon chat*, Éditions Prisma, 64 p., 6,95 €.

Chat perché & autres jeux pour l'été

avec votre carnet pour s'évader

Si vous avez la chance d'être en vacances, alors allongez-vous sur un transat, profitez des rayons du soleil, écoutez le chant des cigales, le souffle du vent dans les arbres ou le bruit du ressac et prenez votre chat tout contre vous. Ne pensez à rien, détendez-vous...

Ouvrez **miaou** et arrêtez-vous sur ces pages spéciales vacances. Les jeux, rébus, intrigues et brèves sur votre félin préféré contribueront à vous vider complètement la tête. C'est le temps de la détente, du bien-être et d'une pause câline bien méritée...

Ma langue au chat

Les 7 énigmes de l'été

à résoudre en solo… ou à partager à l'apéro !
Ne sautez pas trop vite sur la solution :
faites fonctionner vos méninges !

facile / moyen / difficile

1

Dans une pièce, il y a quatre coins. Dans chacun des coins, un chat. Devant chaque chat, trois autres chats. Et sur la queue de chaque chat, un chat…
Combien y a-t-il de chats en tout dans la pièce ?

2

Pourquoi les chats aiment-ils se faire photographier ?

3

Comment mettre six chats dans huit cases, en remplissant bien chaque case ?

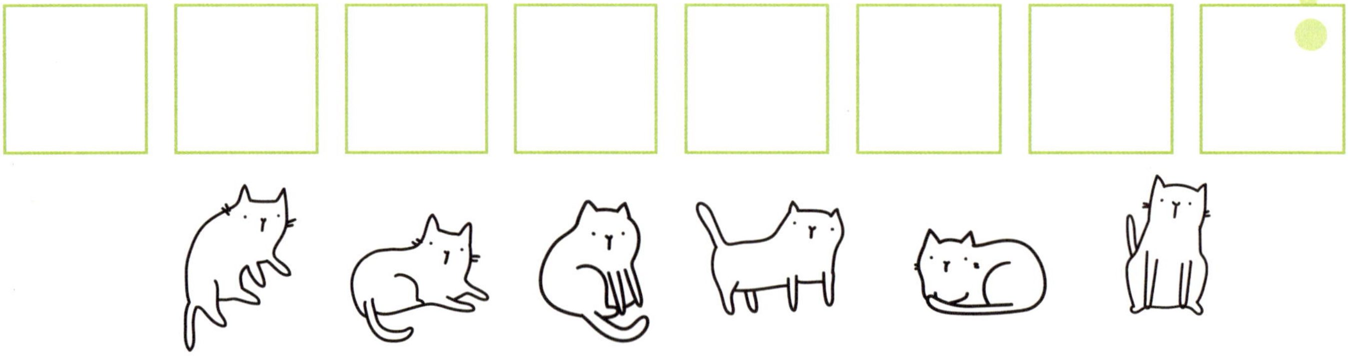

4

Un vétérinaire a soigné 11 111 chats, mais personne ne l'a remercié, **pourquoi ?**

5

Un chat blanc entre dans la mer Noire. Comment en ressort-il ?

6

Mon premier n'aime pas les rats.

Mon second n'aime pas les chats.

Un et un font mon troisième.

Je suis mon tout.

7

Trois chats noirs attrapent trois souris blanches en 3 min. **Combien de chats noirs faut-il pour attraper cent souris blanches en 100 min ?**

et quelques blagues-devinettes pour distraire les plus jeunes...

(A) Combien de gouttes de lait peut-on mettre dans le bol vide d'un chaton ?

(B) Un chaton tombe dans un pot de peinture. De quelle couleur en ressort-il ?

(C) Où trouve-t-on toujours des chats drôles ?

Chat !

7 Pour l'été, en extérieur, avec des enfants… variantes pour jouer à chat.

Jouer à chat est une valeur sûre, sans accessoires ni règle compliquée à expliquer aux enfants, cela nécessite juste un grand espace…

Pour varier les plaisirs, voilà sept versions du jeu à consommer sans modération :

Jouer à chat, un jeu réservé aux enfants ?

Pas vraiment… comme le prouve cette partie qui dure depuis plus de 23 ans ! Le *Wall Street Journal* rapporte que dix Américains n'ont jamais vraiment interrompu leur jeu depuis le collège, à l'école préparatoire de Gonzaga à Spokane, dans l'État de Washington. Étant petits, ils consacraient un quart d'heure à chaque pause à ce jeu. « C'était un peu idiot : nous étions au collège, à un âge où on ne joue déjà plus à des jeux d'enfants », raconte l'un d'eux. Lors du tout dernier jour d'école, Joe Tombari était le chat. Il était a priori condamné à rester chat à vie. Huit ans plus tard, lors de retrouvailles, cette situation lui vaut les moqueries de ses camarades : « Nous avons commencé à nous moquer de Joe parce qu'il était chat à vie. Il était si déprimé que nous avons eu pitié de lui et recommencé à jouer ». Ils décident donc de reprendre la partie, avec un règlement plus adapté à leur âge : pas question pour des quadragénaires de courir en tous sens pour attraper une souris !
D'où leurs nouvelles règles : désormais, ils ne jouent que pendant le mois de février, et celui qui est chat a le mois entier, mais pas plus, pour se débarrasser de son titre. Celui qui se retrouve chat le 1er mars à minuit doit garder ce titre humiliant jusqu'à l'année suivante !
Une façon originale et ludique de poursuivre leur amitié d'enfance, malgré les déménagements, les carrières et les vies privées de chacun.

1 Chat

La version « de base ». L'un d'entre vous est désigné chat, et hop, il faut toucher l'un des autres en criant « Chat ! » pour qu'il le devienne à son tour. Aucune façon d'y échapper… Et ainsi de suite…

2 Chat perché

Pour éviter d'être chat, il suffit d'être perché de quelques centimètres. Chaque rebord, chaise ou banc devient un refuge, il suffit de s'exclamer « maison » (ou « maison magique » pour les plus jeunes) pour profiter de cet asile quelques instants. Le chat doit alors s'éloigner pour que le jeu puisse reprendre et la souris quitter son abri…

3 Chat-ballon

Le chat dispose d'une balle avec laquelle il doit toucher la souris pour qu'elle devienne chat à son tour. Éviter les petites balles ou les balles de tennis, et privilégier un ballon en mousse, moins douloureux !

Selon les régions, ce jeu de poursuite de cour d'école se nomme aussi jeu du loup, t'y-es (nord de la France), la motte (région stéphanoise), trappe-trappe (région bordelaise et plus largement dans l'ouest de la France), ou touche-touche (Belgique et Franche-Comté), mais aussi la tague, la peste, l'ours ou la pie en Amérique du Nord.

4 Chat-couleur

Les souris se regroupent autour du chat, à deux enjambées de lui, et il indique une couleur. Les souris sont protégées dès qu'elles touchent un élément de la couleur annoncée. Mais si l'une est touchée, elle n'est plus protégée, devient chat et cite à son tour une autre couleur, etc.

6 Chat-main

La souris devient chat lorsque celui-ci nomme la partie du corps où il vient de la toucher (ventre, torse, bras, dos...). Le nouveau chat doit alors toucher la souris suivante au même endroit pour qu'elle devienne chat à son tour et change de cible. Si le chat oublie de citer la partie du corps, la souris a le droit de toucher le suivant où elle le souhaite.

5 Chat-pont

Rien à voir avec une poularde... le chat est déclaré vainqueur quand il a réussi à immobiliser toutes les souris. Chacune d'entre elles doit rester debout, les jambes écartées lorsqu'elle est touchée par le chat. Toute souris qui lui file entre les jambes la libère.

7 Charivari

Enchaîner chacune des variantes au bout de cinq minutes de jeu... top chrono, c'est parti pour une demi-heure de course-poursuite effrénée !

Le chat dans tous les sens

Non content de désigner notre compagnon favori, le mot « chat » a été utilisé ou est encore employé dans bien des domaines…
Saurez-vous retrouver ce qu'il désigne ?

1 Pour des experts militaires, un chat est…

A. Une machine de guerre moyenâgeuse composée d'une tour mobile, d'un bélier et d'une galerie couverte.

B. Une sorte d'arc honorifique surmonté d'une queue en fourrure et remis au pharaon en hommage.

C. L'ancêtre du scaphandre : une combinaison étanche permettant de se faufiler entre les récifs à faible profondeur.

2 Pour un horticulteur, les chatons sont…

A. Les fleurs folles du saule, du noyer ou du noisetier.

B. Les pétales fanés des tulipes noires de Hollande.

C. Des mousses qui se développent au pied du chêne, comme blotties sur son écorce.

3 Pour un pêcheur, un chat est…

A. Un hameçon en forme de « S » destiné à pêcher des poissons-chats.

B. Un grappin utilisé pour récupérer les filets tombés au fond de l'eau.

C. Un couvre-épaules en laine, porté en période hivernale lors de la pêche au gros.

4 Pour un couvreur, un chat est…

A. La trace laissée par le rabot sur des tuiles récemment taillées.

B. Une ardoise trop fragile pour être posée sur une toiture.

C. Un clou spécial utilisé pour tenir le chaume sur une charpente.

Comment dessiner un chat ?

5 Pour un marin, une chatte est...

A. Un trou causé par une intempérie dans la grand-voile.

B. Un tonneau d'eau de pluie gardé en dernier recours en cas de sécheresse pour subvenir aux besoins du bord.

C. Un ancien bateau trois-mâts.

6 Pour une costumière (en Lorraine principalement), un chat est...

A. Une fourrure que les femmes portent en hiver sur les épaules, et qui pend sur le devant.

B. Le nom de l'armature qui donnait du volume aux robes des courtisanes, sous l'Ancien Régime.

C. Un sac de petite taille, porté sur l'avant-bras lors de cérémonies religieuses.

Le saviez-vous ?

D'où vient l'expression « Acheter chat en poche » ?

Au Moyen Âge, le chat avait la réputation d'être un animal diabolique. Mais il arrivait que l'on en vende au marché. Pour éviter qu'il ne s'échappe ou ne griffe son propriétaire, le pauvre animal était enfermé dans un sac, qu'on appelait une poche, comme encore aujourd'hui dans de nombreuses régions de l'Ouest de la France. Le vendeur n'avait même pas besoin d'ouvrir ce sac : l'animal gigotait bien assez pour que le potentiel acheteur soit convaincu qu'il y avait bien dedans un chat vivant avant de l'acquérir !

Voilà pourquoi l'expression « acheter chat en poche » signifie de nos jours conclure une affaire sans même l'examiner, ou acquérir un objet sans l'avoir vu au préalable.

Il est amusant de constater que nos voisins disent aussi :

Die Katze im Sack kaufen (allemand),

Comprar gato en saco (espagnol),

Comprare la gatta nel sacco (italien).

Cette expression française, qui date du Moyen Âge, fait écho à celle que les Latins employaient déjà des siècles auparavant : ***Emere catulum in sacco*** (acheter un chiot en sac).

Quant aux Anglais, ils emploient pour désigner la même chose une expression créée dans le même esprit... mais à un léger détail près : **To buy a pig in a poke** (acheter un cochon en sac).

À chacun ses références et ses habitudes !

Rébus express

Prenez votre montre, sortez votre sablier, regardez l'horloge, ou bien simplement le chronomètre de votre téléphone : vous avez 1 min 30 s, pas une de plus, pour résoudre un maximum des 12 rébus ci-dessous.

Prêts ? Top chrono !

Combien en avez-vous trouvé ?
Vous pouvez faire ce test en famille ou entre amis, que le meilleur gagne !

SOLUTIONS DES JEUX

Ma langue au chat

1 : 4 chats. Car chaque chat a déjà devant lui trois autres chats : ceux qui sont dans les autres coins. Et comme chaque chat attend sagement dans son coin, assis sur sa propre queue... il n'y en a que quatre au total.

2 : Pour qu'on leur dise « Souris ! »

3 : S I X C H A T S

4 : 11 111 se prononce phonétiquement « 11 000 sans 11 ». 11000 sans le 11, cela donne 000. Il n'en a donc soigné aucun, et personne ne l'a remercié.

5 : Mouillé

6 : Chat - rat - deux

7 : Il faut trois chats aussi ! Peu importe qu'ils soient noirs ou blancs... Si ces trois chats attrapent trois souris en 3 min, c'est qu'ils attrapent une souris en 1 min, et donc cent souris en 100 min.

Pour les plus jeunes

A : Une seule, car ensuite il n'est plus vide !

B : Châtain (chat teint)

C : Dans les livres, car il y a des chapitres (chats pitres).

Le chat dans tous les sens

1 A Une machine de guerre moyenâgeuse composée d'une tour mobile, d'un bélier et d'une galerie couverte.

2 A Les fleurs folles du saule, du noyer ou du noisetier.

3 B Un grappin utilisé pour récupérer les filets tombés au fond de l'eau.

4 B Une ardoise trop fragile, pour être posée sur une toiture.

5 C Un ancien bateau trois-mâts.

6 A Une fourrure que les femmes portent en hiver sur les épaules, et qui pend sur le devant.

Rébus express

1 Chapelle / **2** Chalet / **3** Chaton
4 Chagriné / **5** Chapeau
6 Charbon / **7** Chaloupe
8 Cha-cha-cha / **9** Chahute
10 Chapon / **11** Chameau
12 Char

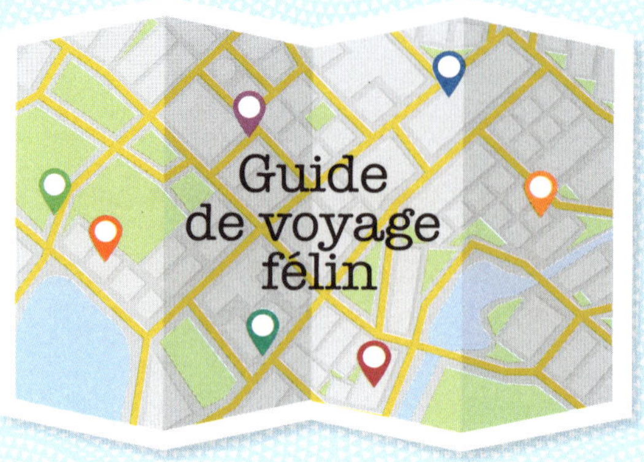

Bonnes vacances !

miaou s'est associé à GEOGuide pour vous proposer une sélection d'adresses, en France et en Europe, où vous croiserez sûrement vos compagnons à quatre pattes préférés ! Dans une chambre d'hôtes, au musée ou encore sur la devanture d'un restaurant, voyagez en compagnie des chats !

Vous trouverez également un carnet d'adresses pour faire garder votre chat s'il n'est pas du voyage. Sites collaboratifs, séniors amoureux des chats, hôtels félins : les propositions sont nombreuses, créatives et pour tous les budgets.

Lieux de villégiature en France

Chambre d'hôtes La Barillerie
La Flèche, Sarthe
Cette demeure de caractère, ancien domaine viticole, est désormais le paradis d'adorables ânes, qui vous accompagneront pour de petites randonnées. Mais vous pourrez aussi y caresser chevaux, poneys, chats et chiens qui disposent, comme vous, de 7 ha de prairies et de vergers pour s'ébattre. Les 3 chambres, superbes, dans un esprit champêtre raffiné, promettent des nuits sereines et un bon confort. Double 90 €, petit déjeuner compris. Le cadre, la verdure et l'accueil méritent amplement un coup de cœur!

Quartier Verron
72200 La Flèche
06 07 41 88 47
www.labarillerie.fr
Toute l'année

Chambre d'hôtes La Bugadière
Salles-sous-Bois, Drôme
Avec son éternel sourire, Muriel reçoit simplement dans la jolie petite maison qu'elle a aménagée et décorée, à côté de celle où elle vit avec mari, enfants, chien et chats. Deux étages, 2 chambres gaies et colorées, un coin cuisine pour grignoter à midi ou le soir, et un petit déjeuner savoureux servi sous une treille bruissant de milliers d'abeilles trop occupées à butiner pour venir vous déranger.

Double 65 € avec le petit déjeuner, 17 €/pers. supplémentaire.
6, montée de la Fontaine
26770 Salles-sous-Bois
04 75 53 80 11, 06 11 28 90 85
www.labugadiere.com
Avril à novembre

Chambre d'hôtes La Lézardière
Saint-Martin-de-Lerm, Gironde
C'est un lieu ouvert sur une prairie qui fuit en de belles perspectives vers la vallée du Dropt. La piscine résonne du rire des enfants, tout le monde est bienvenu ici, petits, grands, et leurs amis à quatre pattes : chiens, chats « et tous les animaux, pourvu qu'ils soient courtois ». L'ancienne grange superbement restaurée fait office de pièce commune et une galerie dessert à l'étage 4 chambres simples, joyeuses, fonctionnelles, que l'on s'approprie comme un second chez-soi. Une vraie maison de vacances, amicale, doublée d'une étape équestre. Double 80 € (réduction à partir de la 3e nuit), petit déjeuner compris. Table d'hôtes à 29 € (mar., et du ven. au dim.) pour une saine cuisine bourgeoise, vin offert, trié sur le volet.

33540 Saint-Martin-de-Lerm
05 56 71 30 12
www.lalezardiere-chambredhotes.com
Mi-mars au 1er novembre

Ferme Saint-Joseph
Mont-Saint-Michel, Manche
Pour dormir dans une des fermes maraîchères construites sur les polders conquis au XIXe siècle. Ici, les premières loges du Mont se transforment en havre de paix! Voire, sous l'égide de généreux propriétaires, en arche de Noé

La Barillerie

Ferme Saint-Joseph

Maison d'hôtes Pietra Stretta

attendant la mer pour emmener une joyeuse compagnie de chiens, de chats et de paons ! Chambres pastel, relativement vastes, avec vue imprenable sur le rocher : 67 € pour deux personnes, 79 € pour trois, petit déjeuner compris. Également 5 gîtes pour 2 à 8 pers. de 300 à 600 €/sem. Un petit plus appréciable : une piscine intérieure chauffée.

Polder Saint-Joseph
50170 Beauvoir
02 33 60 09 04 ou 06 43 41 37 63
www.gite-piscine-montsaintmichel.fr
Toute l'année

Hôtel Le Mas de l'Espaïre
Les Vans, Ardèche

De la piscine, on devine les roches du bois de Païolive. Les chats de la maison batifolent entre les pieds de lavande et de romarin et un beau cheval paît dans les restanques. Cette ancienne magnanerie du XVIIIe siècle, reconvertie en hôtel, repose dans un cadre idyllique. On s'y sent bien, accueilli par une hôtesse prodigue en conseils pour explorer la région. Une trentaine de chambres confortables, deux avec terrasse, toutes fonctionnelles, ouvrent sur un jardin aux essences méditerranéennes. Piscine chauffée. Double de 70 à 125 €, selon le confort et la saison, petit déjeuner 10 €.

Route d'Alès
07140 Les Vans
04 75 94 95 01
www.hotel-espaire.fr
Avril à mi-novembre

Gîte Les Domaines de l'Âne
Gesnes-le-Gandelin, Sarthe

Une adresse « nature ». Pour compagnie, vous aurez les poules, les chats et les ânes d'une ferme sans égale. Les hébergements s'annoncent insolites, et tiennent leurs promesses : la roulotte, loin du folklore habituel, est un habitacle forain des années 1960 (cuisine, 6 couchages, 90 € le week-end, petit déjeuner compris), la tente inuite l'est vraiment (4 couchages en lits-futons, 55 € le week-end, petit déjeuner compris) et la caravane, vintage, pourra vous accompagner lors de virées organisées par les propriétaires. Au cœur du domaine, un *kota* (barbecue finlandais au centre d'une table ronde) accueille une table d'hôtes (25 €).

15, route d'Asse
72130 Gesnes-le-Gandelin
02 33 82 09 68 ou 06 73 85 18 95
www.lesdomainesdelane.fr
Pâques à septembre

Maison d'hôtes Pietra Stretta
Zonza, Corse

Pietra Stretta, c'est le nom du hameau reculé sur les hauteurs du vallon du Cavu, mais le nom exact de la maison, c'est A Tana di Scopa, La Tanière de Bruyère : tout est dit ! Cette solide demeure, en parfait accord avec son environnement – un épais bois de chênes et d'oliviers, parsemé de gros rochers – a aussi des allures d'arche de Noé, car de nombreux chats et une riche basse-cour s'y ébattent…
Une parfaite adresse pour ceux qui aiment le rustique, d'autant qu'elle pratique des prix compétitifs pour la région : les 4 chambres, simples et bien tenues, sont proposées à 67 €, petit déjeuner compris.

Sainte-Lucie-de-Porto-Vecchio
20144 Zonza
04 95 71 43 00
https:apietrastretta.wordpress.com
Toute l'année

Visites félines

Maison des Artisans
Balazuc, Ardèche
Un couple de potiers habite cette ancienne bergerie qu'ils ont peuplée d'un bestiaire de fantaisie au pelage coloré et aux visages lunaires. On y voit des chats, des coqs, des hérissons modelés dans le grès, puis émaillés. L'atelier produit aussi des objets utilitaires et propose un assortiment de produits locaux. Le lieu se double d'une galerie d'art qui expose les œuvres de la peintre Béatrice Espejo et du sculpteur Marc Roure. Agréable patio rafraîchi par une fontaine pendule empreinte de poésie naïve.

Rue de la Tour-Carrée
07210 Balazuc
04 75 37 78 08
http://maisondesartisansbalazuc.fr
juil.-août : tlj. 10 h-12 h et 15 h-19 h ; avr. à juin, sept. : tlj. 10 h-12 h et 15 h-18 h.

Musée Albert-Dubout
Palavas-les-Flots, Hérault
Des grosses dames flanquées de messieurs chétifs et de chats hystériques au petit train farci de touristes, Albert Dubout (1905-1976) avait ses sujets de prédilection, souvent liés à Palavas-les-Flots. Citoyen à mi-temps de la petite station balnéaire, le dessinateur humoriste a su croquer le quotidien de ses habitants comme personne. Un trait de crayon tendre et incisif auquel la ville rend hommage dans la redoute de Ballestras. Expositions temporaires.

À noter : une nouvelle boutique avec des attentions pour les amoureux des chats (vaisselle, linge…).

Rue de l'Abbé-Brocardi,
34250 Palavas-les-Flots
04 67 68 56 41
www.ot-palavaslesflots.com
Ouvert juil.-août : tlj. 10 h-13 h et 16 h-20 h ; déc. à févr. : 14 h-18 h les w.-e., les jours fériés et les vacances scolaires ; reste de l'année : mar.-dim. 14 h-18 h ; Tarif : Adulte 5 €, Étudiant : 3,50 €, Jeune (12-18 ans) 2,30 €, moins de 12 ans : gratuit. Accueil de la boutique : 14 h-17 h 30 Vacances scolaires du mardi au samedi.
04 67 68 56 41 ou 04 67 07 73 82

Village
La Romieu, Gers
Ce village ravissant (à 33 km au sud d'Agen) s'épanouit à l'ombre de sa collégiale, inscrite sur la liste du patrimoine mondial de l'humanité depuis 1998. Il est aussi connu pour ses statues de chats qui abondent au détour des ruelles. Elles font référence à la légende d'Angéline qui, au Moyen Âge, sauva le village d'une invasion de rats grâce à des chats qu'elle avait protégés. Sur la jolie place à arcades de la mairie, vous croiserez de nombreux pèlerins en route vers Compostelle, La Romieu étant une étape sur le chemin.

32480 La Romieu
05 62 28 15 72 (Mairie)
www.la-romieu.fr

La Maison des artisans

Le Musée Albert-Dubout et du Petit Train

La Romieu

Lieux de villégiature en Europe

B&B Anapama

Un lieu de visite en Espagne

Jardí Botànic, Valence

Fondé en 1567 par l'université pour l'étude des plantes médicinales et transplanté là en 1802, il compte des centaines d'espèces végétales du monde entier… et autant de chats ! Le long des allées désertes, on découvre des eucalyptus, des bassins fleuris et des fontaines musicales, ainsi que des plantations d'orangers ou encore un vaste champ de cactus. À voir, également, la serre tropicale et l'Umbráculo, étonnant édifice 1900. Visite guidée sur réservation.

Calle Quart, 80, Valencia
(34) 96 315 68 00
www.jardibotanic.org/
Nov. à févr. : 10 h-18 h,
mars et oct. : 10 h-19 h,
avr. et sept. : 10 h-20 h,
mai à août : 10 h-21 h

Sicile, Palazzolo Acreide

B&B Anapama

Amis de la nature, cette adresse est pour vous ! Au bout d'une route en terre, la très attentive Vivien Sheller vous accueille dans son petit bout de paradis peuplé de noyers, de rosiers, de chats, de chiens et de chevaux. Trois chambres confortables (avec petit coin cuisine) et un petit déjeuner délicieux : tartines de ricotta fraîche et confitures faites maison. Grandes promenades possibles dans la vallée de l'Anapo.

Double 70 € en basse saison, 90 € en haute saison (réductions en fonction de la durée du séjour).
Contrada Fiumara
Palazzolo Acreide
(39) 380 374 37 73
www.anapama.it
Toute l'année

Italie, Toscane, Lucques

B&B La Gemma di Elena

Loin des hôtels convenus et formatés, ce B&B ravira ceux qui désirent partager un semblant de vie familiale… au milieu d'une véritable ménagerie de chiens et de chats (les vôtres sont d'ailleurs les bienvenus). L'appellation fait allusion à une femme, Elena Guerra, aujourd'hui béatifiée, qui vécut autrefois dans cette maison. Six chambres (TV, ventilateur ou clim.) aux noms féminins : la Mariana est la plus spacieuse et la plus originale, avec sa fresque au mur, un bel appartement de trois chambres et une villa de cinq chambres.

Double avec sdb de 65 à 80 € petit déjeuner compris, appartement 85 €. Parking privé 10 €.
Via della Zecca, 33, Lucques
(39) 0583 49 66 65
www.lagemmadielena.it
Toute l'année

B&B La Gemma di Elena

Italie, Rome

Complexe archéologique Largo Torre Argentina

L'Area Sacra Argentina est un complexe de sanctuaires datant du IVe au Ier siècle av. J.-C. S'y dressent encore quelques colonnes sur les fondations d'un temple rond et de trois temples rectangulaires. Quant aux nombreux chats errants au milieu des pierres, ils ne font pas seulement partie de la carte postale romaine : tout à côté s'est établi un foyer qui les nourrit et les soigne. On recense ainsi dans les parages près de 500 chats abandonnés chaque année qui ne demandent qu'à être adoptés.

www.romancats.com

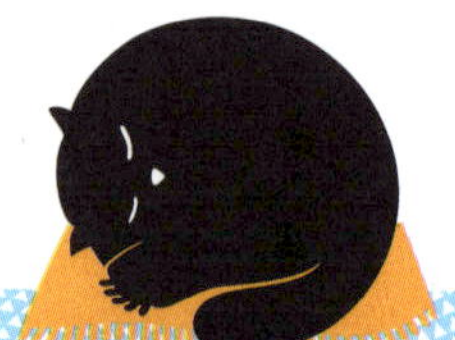

Adresses félines

Amoureux des chats, ces établissements leur font honneur en adoptant de petits noms aux couleurs félines : « Les Quatre Chats », « Le Chat dans l'Horloge » ou encore « Le Chat sur le Toit »... Un bel hommage à nos compagnons et des adresses au poil !

En France

Restaurant
Les Quatre Chats
Trouville-sur-Mer, Calvados
Ce restaurant a été fondé par un ancien de la Closerie des Lilas dans un cadre bohème de style années 1950 un peu fou. Les matous expressifs envahissent jusqu'à l'obsession les sets de table et les affiches des murs, collées les unes sur les autres en vrac. De faux nuages flottent au-dessus d'un bar circulaire. La cuisine raffinée achèvera de vous séduire : croustillant de crabe, tajine de lotte, hachis parmentier de veau marengo, tarte aux légumes confits. À la carte, comptez 50 à 60 €.

8, rue d'Orléans
14360 Trouville-sur-Mer
02 31 88 94 94
Jeudi soir : 19 h-22 h, vendredi 12 h-13 h 30 et 19 h-22 h, w.-e. : 12 h -13 h 30 et 19 h-23 h 30
www.les4chats.com

Crêperie
Le Chat Botté
Clisson, Loire-Atlantique
Située dans une petite rue escarpée du centre historique, cette crêperie sympathique propose, en plus de ses crêpes, un bon choix de salades et de glaces. Formules déjeuner de 10 à 12, 30 €, menu du soir autour de 20 €.

1, rue des Rémouleurs
44190 Clisson
02 40 54 29 10
Horaires variables ; midi et soir mardi-dimanche
www.facebook.com/lechatbotteclisson/

Restaurant-Gîte d'étape
Au Chat Bleu
Saint-Laurent-les-Bains, Ardèche
Un peu plus d'aligot ? Oui, si c'est celui du Chat Bleu. Le restaurant s'est fait une spécialité de ce plat venu d'Aubrac, territoire voisin, que l'on file, à coups de biceps, avec une cuillère géante. Tout un spectacle. Mais ne vous laissez pas distraire du panorama, une vue grand écran, qui est un des charmes de ce restaurant sachant aussi séduire les papilles avec de bons plats rustiques : daube cévenole, omelette aux cèpes, tartiflette, crumble de myrtilles. Menus de 11,50 à 20 €. Gîte d'étape dans une belle bâtisse en pierre : nuitée en demi-pension ou pension de 36 à 60 €/pers.

22 Le Village
07590 Saint-Laurent-les-Bains
04 66 46 22 17, 06 11 54 97 21
Mi-mars à mi-novembre : 12 h-13 h 30 et 19 h 30 -20 h 30
www.auchatbleu.fr

Au chat bleu

Le Chat botté

Le Chat perché

Restaurant
Le Chat sur le Toit
Lacanau, Gironde

On goûte la sérénité des lieux en été, dans un jardin secret, huis clos de charme, et en hiver, dans une salle gaie à la déco soignée, en savourant une cuisine toute simple qui s'appuie sur des produits locaux. L'ardoise, sommaire, offre de quoi prolonger un apéro par des fruits de mer (huîtres du bassin d'Arcachon), un porc mariné à la plancha, de bonnes cochonnailles ou un poisson grillé à point. Comptez env. 25 € pour 2 plats. Une adresse authentique, hors des sentiers battus, tenue par une Canaulaise qui force la sympathie et reçoit en amie. Il est fortement conseillé de réserver.

3, rue des frères Estrade
33680 Lacanau
09 54 39 38 27
Haute saison : midi et soir, basse saison : ven. et sam. soir, sam. et dim. midi
https://fr-fr.facebook.com/lechatsurletoit

Restaurant
Le Chat dans l'Horloge
Lille, Nord

Petits appétits s'abstenir! Dans ce restaurant sans chichis et résolument ch'ti, on suit au plus près la tradition : carbonnade, potjevleesch, andouillettes. Plat 10 à 13 €.

12, pl. Sébastopol
59000 Lille
03 20 40 24 80
Mardi-samedi : 12 h-14 h et 19 h-22 h

Restaurant
Le Chat qui fume
Lille, Nord

Un estaminet qui ne s'embarrasse pas d'artifices et fait les choses bien : simple, bon et très sympathique. Poulet à la Kriek, filet mignon au Picon, cassolette d'andouillette à la bière. Plat 14 à 21 €.

3, rue Henri Kolb
59000 Lille
03 20 78 93 24
Lundi-sam. à partir de 19 h, dim. 12 h-22 h
www.lechatquifume-lille.fr

Restaurant et salon de thé
Le Chat Bleu
Sainte-Adresse, Seine-Maritime

Ce lieu original, un brin cabinet de curiosités, sait mêler les plaisirs : piano-bar, expos, cave à manger, salon de thé... L'été, on opte pour la terrasse et sa belle vue sur la rade.

6, rue du Roi-Albert
76310 Sainte-Adresse
02 35 47 10 24
Mardi, mercredi et samedi : 12 h-20 h, jeudi, vendredi : 12 h-23 h, dimanche : 16 h-19 h
www.facebook.com/lechatbleuLH

Restaurant et Hôtel
Le Chat botté
Saint-Clément-des-Baleines, Île de Ré, Charente-Maritime

Émilie et Thomas De Cock ont repris en 2015 ce restaurant presque mythique, hors du temps et des modes, qui accueillit notamment François Mitterrand. La cuisine gastronomique et inventive de Thomas De Cock, qui a notamment travaillé au Bristol au côté d'Éric Fréchon, met le poisson sauvage et les meilleurs produits à l'honneur, sans oublier le homard, qui a fait la réputation de cette maison. Comptez environ 32 à 42 € pour un plat, 16 à 28 € pour une entrée, 12 € pour un dessert. Menus à 26,50 € (à midi sauf le dimanche) et 40 € (midi et soir).

20, rue de la Mairie,
17590 Saint-Clément-des-Baleines
05 46 29 42 09
Mi-févr. à fin mars, oct. à mi-nov. : jeu.-lun. midi 12 h-15 h et soir 19 h 15-21 h 30 ; avr. à sept. : jeu.-mar. midi et soir
www.restaurant-lechatbotte.com

Un très beau jardin, le sens du raffinement, un accueil adorable... Cette adresse suscite l'engouement de certains acteurs de cinéma. Et les tarifs restent raisonnables : double de 110 à 147 €, suite duplex à 198 €. Petit déjeuner 12,50 €. Location de vélos. Parking privé, espace beauté et bien-être, et très bonne table.

Place de l'Église,
17590 Saint-Clément-des-Baleines
05 46 29 21 93
www.hotelchatbotte.com

Chambre d'hôtes
Le Chat Perché
Le Havre, Seine-Maritime

Blotties dans un écrin de verdure aux portes de la ville haute, les deux chambres aménagées dans un petit chalet (indépendant de la maison des hôtes) ont un charme fou. Ce qui séduit ? La vue panoramique sur Le Havre, des terrasses privatives, l'adorable jardin verdoyant, l'accueil de Corinne. Mais encore ? Les chambres (70 €), douillettes avec leur décoration chaleureuse et raffinée ! Si vous voyagez seul, une cabine de bateau a été aménagée pour prolonger l'aventure (40 €). Un petit paradis qui allie calme, convivialité et élégance à deux pas du centre-ville !

14, rue Germaine Coty
76600 Le Havre
02 35 21 42 47
Toute l'année
www.leschambresduchatperche.com

Chambres d'hôtes Le Chat Courant
Villandry, Indre-et-Loire

Séparée du Cher par une levée sur laquelle court la D88, cette demeure au tuffeau plus blanc que blanc repose dans la gloire de son grand âge, au cœur de ses jardins. Clin d'œil à Villandry, le potager à la française joue la géométrie près d'un parc à l'anglaise que précède une pergola envahie de glycines. La piscine se tapit sur une prairie qui glisse en pente douce vers les sous-bois. Çà et là, des touffes d'herbes folles ajoutent leur note romantique. Deux chambres reçoivent dignement : l'une, à 85 €, donne sur les jardins, l'autre est une suite familiale à 160 € pour 4 personnes (petit déjeuner compris). On peut puiser dans la bibliothèque, admirer les chevaux blancs du domaine, emprunter un vélo pour s'évader vers la confluence, herboriser, ou, mieux, s'abandonner, oisif, au simple plaisir d'être là.

Une balade nature
La Dent du Chat, Aix-les-Bains, Alpes du Nord

La silhouette de ce pic culminant à 1390 m est emblématique des paysages du lac du Bourget. Une jolie randonnée permet d'en faire le tour, ménageant des vues somptueuses sur le lac et les montagnes au loin. Au Bourget-du-Lac, prenez la D42 qui grimpe jusqu'au relais du mont du Chat, une ascension de près de 13 km. De là part un sentier balisé qui conduit au pied de la Dent du Chat, que les plus aventureux pourront escalader en s'aidant d'échelles. Comptez 4 h AR. Topoguide disponible auprès de l'office de tourisme du Bourget-du-Lac.

312, Fonche
37510 Villandry
06 37 83 21 78
Toute l'année
www.le-chat-courant.com

Chambre d'hôtes Le Chat Luthier
Montfort-sur-Argens, Var

Au pied du château de la petite cité médiévale de Montfort, cette belle demeure du XVIIIe siècle préserve tout son charme provincial : mobilier ancien, alcôve ou cheminée font le caractère des trois chambres d'hôtes, qui évoquent à la fois l'univers de la marquise de Sévigné et de Balzac. Le tout avec un naturel confondant, car la maison reste simple, l'accueil très sympathique et les prix parmi les plus compétitifs de la région : de 40 à 60 € avec petit déjeuner ! Table d'hôtes 25 €.

4, rue du Barry
83570 Montfort-sur-Argens
04 94 59 51 01
Toute l'année
www.le.chat.luthier.pagesperso-orange.fr

Auberge du Chat qui pêche
Canari, Corse

Séduisante incongruité que cette petite auberge : une trentaine de couverts partagée entre la salle et, de l'autre côté de la route, une terrasse comme suspendue à la falaise, surplombant un riche potager en équilibre au-dessus de la Méditerranée. La Grande Bleue à perte de vue et, au loin, les sommets de la Balagne : panorama magique ! Le poisson est livré par un pêcheur de Canari et la cuisine au feu de bois savoureuse. Dîner face au coucher du soleil confine à l'enchantement. Entrées 9-14 €, plats 19-25 €. Réservation recommandée. D'avril à novembre, 4 chambres d'hôtes à 49 € ou 59 € selon le confort, petit déjeuner 8 €.

Route départementale D80,
20217 Canari
04 95 37 81 52
déc. à mars : tlj., le soir ;
début avril à fin nov. et
les vacances de Noël midi et soir
www.aubergeduchatquipeche.com

Le Chat courant

En Europe

Espagne, Barcelone
Restaurant Els Quatre Gats
Fondé en 1897 par Pere Romeu, ancien serveur au Chat Noir de Montmartre, avec les peintres Rusiñol et Casas, le cabaret Els Quatre Gats est jusqu'à sa fermeture en 1903 un haut lieu de la bohème artistique barcelonaise. Le jeune Picasso réalise le menu de l'établissement et y donne sa première exposition. On y organisa des spectacles d'ombres chinoises demeurés célèbres. L'édifice, dessiné par l'architecte moderniste Puig i Cadafalch, a beaucoup d'allure. L'intérieur, désormais reconstitué, n'en manque pas non plus, avec son carrelage coloré. On peut s'installer à midi sous la mezzanine de la belle salle du fond et commander le menu du jour (25 € en moyenne le plat).

C/Montsió, 3, Barcelone
(34) 933 02 41 40
Tlj. 9 h-1 h
www.4gats.com

Espagne, Madrid
Restaurant Los Gatos
Ideal para tapear! Dans cette rue se succèdent les plus vieilles *cervecerías* de Madrid, et toutes débordent d'ambiance. Ici, corrida et football font la déco : on ne peut plus typique et toujours bondé ! Tapas 2 à 12 €.

C/Jesús, 2, Madrid
(34) 914 29 30 67
Tlj. 11 h-0 h (1 h 30 ven.-sam.)

Espagne, Valence
Restaurant La Bodeguilla del Gato
Pas étonnant qu'il faille parfois patienter pour pouvoir s'attabler dans cette belle bodega, carrelée et voûtée, de la vieille ville. Difficile de faire son choix, en effet, tant la carte des tapas est longue et la sélection de vins sympathique. *Salmonejo* (soupe froide) à 4,40 € et *rabo de toro* (queue de bœuf) à 13,60 €. Prévoyez 20 à 25 € pour un repas copieux. Un must, à la (très bonne) réputation méritée.

C/Catalans, 10, Valence
(34)963 91 82 35
Tlj. : 19 h 30/20 h-1 h
https://www.facebook.com/LaBodeguillaDelGato

Espagne, Séville
Librairie Un Gato en Bicicleta
Dans une rue trendy, un espace unique à Séville. À la fois librairie (livres d'art), galerie (jeunes artistes locaux), boutique de mode et de déco. Un lieu soigné, arty et décontracté.

c/Pérez Galdós 22, Séville
(34) 955 29 56 51
Lundi 9 h 30-21 h, mardi-dimanche : 9 h 30-14 h et 16 h 30-21 h
https://www.facebook.com/ungatoenbicicleta/

Espagne, Grenade
Café 4 gatos
Pour couler des heures tranquilles dans l'Albaicín, se poser à la terrasse de ce café, se munir du journal du jour, commander

Els Quatre Gats

Un Gato en Bicicleta

un jus frais et prendre des forces pour la journée, avec un muesli bio ou un cheese-cake.

Placeta de la Cruz Verde, 6, Grenade
(34) 958 22 48 57
Lundi à vendredi 8 h 30-18 h, samedi 9 h-00 h, dimanche 9 h-16 h.
Les horaires varient. Appeler pour plus de renseignements.

Canaries, La Laguna

Maison d'hôtes La Asomada del Gato

Le bâtiment, ancien, est en bonne partie refait, mais il a été patiné avec goût, donnant à l'adresse des allures de maison d'hôtes de charme. Double avec petit déjeuner 80 € environ, 4 personnes 105 € environ.

C/Anchieta, 45, San Cristobal de La Laguna
(34) 922 26 39 37
Fermé en août
www.laasomadadelgato.es

Italie, Venise

Trattoria Al Gatto Nero

Au bord d'un canal dans lequel se mirent les maisons colorées de Burano, cette trattoria sert une cuisine marine renommée. N'hésitez pas à vous asseoir à sa terrasse qui s'étend sur un quai tranquille, en retrait des axes très fréquentés. Les pâtes aux palourdes, aux seiches, aux crevettes et de délicieux risottos composent les *primi piatti* ; les *secondi* naviguent entre les poissons de l'Adriatique. Comptez environ 50 € (vin de la maison compris).

Fondamenta della Giudecca, 88, Venise
(39) 041 730 120
Mardi-sam. 12 h-15 h et 19 h 30-21 h, dimanche 12 h-15 h ; Fermé 2e semaine de nov.- 2e semaine de déc.
www.gattonero.com

Italie du Sud, Pescocostanzo

Hôtel Il Gatto Bianco

L'un des plus beaux hôtels de Pescocostanzo. Un mini-spa ultramoderne, des bains turcs, un sauna, une douche aromatique et des Jacuzzis sont à la disposition des clients. Une oasis de détente avant de se lover dans les lits les plus confortables des Abruzzes. Les doubles coûtent de 180 à 200 €, petit déjeuner compris (suite pour 2 pers. 250 €).

Viale Appennini, 3, Pescocostanzo
(39) 0864 64 14 66
Toute l'année
www.gattobianco-capri.com

Sardaigne, Porto Torres

Bar-restaurant Il Gatto Nero

Point fort du Gatto Nero : sa terrasse au pied de l'église de la Consolata, sur la place éponyme. Ce bar-restaurant propose des plats cuisinés (env. 12 €), des grillades, des sandwichs, des salades, des gâteaux maison, mais aussi un grand choix d'apéritifs italiens.

Via Amsicora 28, Porto Torres
(39) 348 880 2084
Tlj. : 8 h-2 h
(les horaires varient)
https://www.facebook.com/Gatto-Nero-Pub-1635144176802080/

Hôtels pour chats

miaou vous propose un petit carnet d'adresses pour faire garder votre chat pendant les vacances.

Quelques conseils à suivre :

- Réservez plusieurs mois à l'avance la garde de votre chat.
- Renseignez-vous sur votre futur cat-sitter et sur ses motivations, il doit aimer les chats et il vaut mieux qu'il ait l'habitude d'en garder.
- Si votre chat est gardé au domicile du cat-sitter, assurez-vous que le lieu est bien adapté

HAUTS-DE-FRANCE

La Pension du Sart
2202, rue de Messines
59 236 Frelinghien
Tél. : 03 44 25 11 50
www.lapensiondusart.fr
Tarif : 9 € par jour
Box individuels, spacieux, confortables et chauffés, avec ambiance musicale.

Au Thelle du Chat
33, rue du Casse Lanterne
60 530 Fresnoy-en-Thelle
www.authelleduchat.sitew.fr
Tarif : de 10 € à 12 € par jour selon la saison et le nombre de chats.
Chalets individuels (chauffés en période froide, avec un supplément dans ce cas) confortables et fonctionnels avec un espace extérieur. L'été, chaque chat dispose d'une fontaine à eau.

GRAND EST

Le Château du Chat doré
15, rue Ammertzwiller
68210 Bernwiller
Tél. : 03 89 25 39 93
www.pension-chiens-chats.fr
Tarif : 14 € par jour.
Hôtel de luxe pour chats, avec chambres individuelles et jardin.

Hôtel Le Chat bleu
77, rue de Zimmersheim
68400 Riedisheim
Tél. : 03 89 43 86 13
www.hotel-chat-bleu.fr
Tarif : de 13 € à 15 € par jours selon la saison et le nombre de chats par box.
Les chambres sont installées en jouant sur la hauteur avec des petits lits confortables, des armoires permettant l'isolement, des hamacs pour trôner. La fenêtre grillagée et protégée par une moustiquaire fournit la possibilité de satisfaire la curiosité des matous qui peuvent observer l'extérieur.

BOURGOGNE - FRANCHE-COMTÉ

La Pension de Cécile
Route de Détaing
21220 Collonges-lés-Bevy
Tél. : 03 80 61 43 68
www.lapensiondececile.com
Tarif : 14 € par jour.
Les chatteries sont composées de 3 chalets chauffés l'hiver (20 box). Chaque chat dispose d'un box muni d'une trappe avec un accès à sa courette individuelle.

Domaine de la Bourdillerie
58330 Bona
Tél. : 03 86 68 90 24
Port. : 06 33 06 55 74
www.labourdillerie.fr
Tarif : 11 € par jour
Chaque pensionnaire dispose d'un chalet avec chauffage et brumisateur, terrasse et volière de 15 m².

AUVERGNE-RHÔNE-ALPES

Hostellerie La Boulaie
Lieu-dit Praisles
43120 Monistrol-sur-Loire
Tél. : 04 71 61 08 29
www.hostellerielaboulaie.com
Tarif : de 10 € à 11 € par jour selon la saison.
Chaque pensionnaire félin dispose d'un espace personnel spacieux et tout confort : cour extérieure individuelle, équipée d'une chaise de jardin pour profiter pleinement du soleil et d'une bûche de bois pour affûter les griffes. Les chambres sont chauffées l'hiver et la radio est diffusée en permanence.

Le Domaine d'Altaïs
Les Rigodanches
63310 Mons
Tél. : 04 70 41 60 15
Port. : 06 24 19 64 41
www.domaine-altais.fr
Tarif : de 8,70 € à 12 € par jour selon le nombre de chats par box.

PROVENCE-ALPES-CÔTE D'AZUR

Dogattitude 06
454, chemin de l'Oratoire
06250 Mougins
Tél. : 04 93 94 30 14
www.dogattitude06.fr
Tarif : de 14 € à 16 € par jour.
Les chats sont logés à domicile ou dans une pièce individuelle, avec accès à une cour sécurisée.

Félidé
34, Chemin de l'Émigra
06510 Les-Plans-de-Carros
Tél. : 06 62 05 02 57
www.felide.fr
Tarif : de 10 € à 15 € par jour, selon la durée du séjour.
Chambres privatives ou collectives pour 4 chats.

OCCITANIE

Le Jardin des Chats
60, chemin de Pergue
30250 Aubais
Tél. : 04 66 38 28 67
www.lejardindeschats.fr
Tarif : de 10,50 € à 12,50 € selon la saison et le nombre de chats par box.

Les chats sont logés dans des box chauffés en hiver, équipés d'un petit lit, d'étagères, de coussins, jeux, griffoirs, cachettes ainsi que de la litière végétale bio. Les félins bénéficient d'un accès à un jardin entièrement grillagé, équipé de petits chalets, plateformes en bois, passerelles… pour profiter pleinement de l'extérieur. Des webcams permettent de suivre le déroulement de leurs vacances où que vous soyez.

Le Moulin des Chats
Moulin de la Capelagne
Route de Ceyras
34800 Clermont-l'Hérault
Tél. : 06 89 17 46 15
www.lemoulindeschats.fr
Tarif : de 8 € à 10 € par jour selon la durée du séjour.

Petites pièces décorées, très confortables, avec chauffage, ventilation, chacune donnant sur un jardin entièrement clôturé, où les chats peuvent s'ébattre en toute sécurité.

NOUVELLE AQUITAINE

Le Clos des Vickings
725, chemin de Casseyroux
24130 Saint-Pierre-d'Eyraud
Tél. : 05 53 74 29 36
Port. : 06 23 12 64 10
www.pension-le-clos-des-vickings.fr
Tarif : de 9 € à 10 € par jour selon le nombre de chats.

Les animaux sont logés dans des box individuels et profitent d'un parc de détente.

Les Chalets de la Jolie
10, La Jolie
33230 Maransin
Tél. : 05 57 49 42 48
Port. : 06 20 61 93 67
www.leschaletsdelajolie.fr
Tarif : de 10 € à 12 € selon le nombre de chats.

Une pension en pleine nature qui accueille au maximum 15 chats afin d'offrir le meilleur service. Le chat dispose d'un jardin clos.

Le Mille Cats
4, chemin Champs-de-Lassale
7310 Estillac
Tél. : 05 53 87 07 32
www.millecats.com
Tarifs : de 8,70 € à 10,90 € par jour selon le nombre de chats.

Chambres chauffées l'hiver, équipées d'un panier, d'un canapé, d'une litière, d'un distributeur d'eau, d'une gamelle, d'un arbre à chat et de jouets.

CENTRE-VAL DE LOIRE

Pile-Poil
Domaine de la Poiluchette
Lieu-dit Vérigny
28270 Crucey Villages
Tél. : 02 37 48 21 89
Port. : 06 62 61 29 99
www.pilepoil.fr
Tarif : de 10 € à 12 € par jour selon le nombre de chats par box.

Les chats disposent d'un chalet avec une grande courette de détente (50 m^2) sécurisée. Ils comprennent des studios individuels tout confort, avec coin repas, litière, hamac et couchage.

PAYS DE LA LOIRE

Les Moustaches du Berry
10, rue Porte aux Bœufs
18100 Vierzon
Tél. : 06 58 50 30 91
www.lesmoustachesduberry.fr
Tarif : de 5 € à 7 € par jour, nourriture et litière non comprises.

Les Moustaches du Berry est une association de protection animale, qui fait également pension. Quatre chambres sont réservées aux chats, avec un arbre à chat, un fauteuil, des coussins,des jouets…

Félidog
Lieu-dit Blanche
45600 Lion-en-Sullias
Tél. : 02 38 36 18 37
Port. : 06 11 66 26 21
www.felidog.com
Tarif : de 7 € à 11 € selon la saison et le nombre de chats dans le même box.

Lofts très lumineux équipés d'arbre à chat, jouets, griffoirs, litière biodégradable et de chauffage avec accès direct sur des parcs extérieurs privatifs. Les chats ont un accès illimité aux parcs extérieurs grâce aux chatières installées dans chaque box.

BRETAGNE

Le chat perché
35590 La Chapelle-Thouarault
Tél. : 06 50 15 91 14
www.pensionlechatperche.com
Tarif : de 7 € à 12 € par jour selon le nombre de chats dans le même box.

Chambres individuelles donnant sur un jardin privatif. En été, les roulottes, maisons sur pilotis ou cabanes perchées sont ouvertes (intérieurs plus petits, mais jardins plus grands).

Le Chat Botté Cattery
Les Vieilles Villes
22640 Plénée-Jugon
Tél. : 02 96 31 80 94
www.lechatbottecattery.com
Tarif : de 6,70 € à 8 € par jour selon le nombre de chats dans le même box.
Le bâtiment spécialement conçu pour les chats est chauffé, lumineux et aéré. Chaque chat dispose d'un espace dédié suffisamment grand, ainsi que d'un petit chalet douillet et confortable. Un espace double pour accueillir 2 ou 3 chats d'une même famille est disponible.

NORMANDIE

L'Arche féline
3, route de Rouen
27910 Vascœuil
Tél. : 06 83 59 50 64
www.arche-feline.net
Tarif : de 4,5 € à 8 € par jour selon la durée du séjour et le nombre de chats par box.
Box intérieurs ou chalets extérieurs.

Le Cattage
87, rue du Beau Site
76410 Freneuse
Tél. : 06 99 21 94 72
www.le-cattage.fr
Tarif : de 10 € à 12 € par jour selon le nombre de chats dans le même box et la durée du séjour.
Espace collectif avec jeux et attractions, box, chalets individuels à l'extérieur avec courette, cour collective…

ÎLE-DE-FRANCE

Motelmatous
19, rue Borromée
75015 Paris
Tél. : 01 42 73 63 28
www.matous.fr
Tarif : 22 € par jour pour un chat, 33 € pour deux chats dans le même box.
Pension féline à domicile. Les boxes sont transparents, permettant aux chats d'avoir vue sur le logement. Ils sont équipés d'étagères, cachettes, griffoirs, jouets, litières et nourriture. Les chats bénéficient d'une surveillance permanente.

La Minouterie
11, allée du Belvédère
91160 Saulx-les-Chartreux
Tél. : 06 79 35 21 73
www.laminouterie.fr
Tarif : de 10 € à 15 € selon la saison et le nombre de chats par box.
20 box pouvant accueillir jusqu'à 4 chats sociables avec leurs congénères, tous équipés d'un aquarium et égayés par une musique d'ambiance. Espace de 120 m² totalement équipé où tout leur est permis en toute sécurité, avec vue sur le bois par 5 grandes baies vitrées.

FRANCE ENTIÈRE

Animal-futé
www.animal-fute.com
Ce site participatif propose l'échange de garde entre particuliers.
Tarif : 30 € de frais d'inscription annuels.

Animauté
www.animaute.fr
Ce site, géré par un vétérinaire et un spécialiste animalier, est très impliqué dans la santé des animaux et propose des familles d'accueil pour votre chat. Seulement 50 % des candidatures de familles d'accueil sont validées.
Tarif : de 13 à 16 € par jour.

Ani-Seniors
www.ani-seniors.fr
Ce site propose une garde d'animaux à domicile par des retraités bénévoles.
Tarif : à partir de 86 € pour 1 à 4 jours, quel que soit le nombre d'animaux à garder.

Animovacances
www.animovacances.fr
Ce site collaboratif propose des échanges de garde d'animaux entre particuliers.
Tarif : l'adhésion est de 9,90 €. Les échanges sont gratuits.

FamiHero.com
www.famihero.com.
C'est un site d'annonce par type de demande. Visites, promenades, gardes à domicile, pension, famille d'accueil.
Tarifs : ils varient selon les contacts et sont à discuter avec eux directement.

Gardicanin
www.gardicanin.fr
Ce site propose des promenades et gardes d'animaux.
Tarif : 100 € pour une semaine de visites de chat à domicile. Assurance et service d'assistance inclus.

Holidog
https://fr.holidog.com
Site de mise en relation entre propriétaires d'animaux et cat-sitters.
Tarif : de 8,40 € à 17,10 € par mois pour l'inscription + tarif variable selon les hôtes.

Homesitting
www.homesitting.fr
Ce site propose une garde de votre domicile et de vos animaux par une société de gardiennage qui vous met en relation avec des retraités bénévoles.
Tarif : 98 € de 2 à 4 jours, 164 € pour une semaine.

Mr-animo.com
www.mranimo.com
Des échanges de garde gratuite entre familles d'accueil, cat-sitting.
Tarif : Prix variables.

Yoopies
www.yoopies.fr
Garde à domicile d'animaux, visites, promenades, accueil chez le cat-sitter.
Tarif : de 14,90 €, 6,90 € mensuel pour le contrat à l'année. Ensuite, à vous de vous mettre d'accord sur les conditions et le prix. Le tarif moyen d'une journée de garde est à 12 €.

miaou
miaou
miaou
miaou
miaou
miaou
miaou
miaou
miaou
miaou
miaou
miaou

miaou
© Shutterstock, gudinny
miaou
© Shutterstock, berry2046
miaou
© Shutterstock, mego4ka
miaou
© Shutterstock, Iveta Angelova
miaou
© Shutterstock, Julia Nagy
Mermaid hair don't care
miaou
© Shutterstock, Rimma Z
miaou
© Shutterstock, Sundra
miaou
© Shutterstock, Julia Nagy
miaou
© Shutterstock, NIRVANA
miaou
© Shutterstock, solar lady
miaou
© Shutterstock, Nata Alhontess
miaou
© Shutterstock, pylypenko anzhela
miaou

miaou
miaou
meow
miaou
miaou
miaou
miaou
miaou
miaou
miaou
miaou
miaou
miaou

miaou
© Shutterstock, Larienn

miaou
© Shutterstock, Rimma Z

miaou
© Shutterstock, in_dies_magis

miaou
© Shutterstock, smilewithjul

miaou
© Shutterstock, Maltz

miaou
© Shutterstock, Picnote

miaou
© Shutterstock, Picnote

miaou
© Shutterstock, Inna Moreva

© Shutterstock, Helen Ryabkova

© Shutterstock, tapilipa

© Shutterstock, maramorosz

© Shutterstock, in_dies_magis

QU'EST-CE QUI
EST LE PLUS BEAU ?
LE MOUVEMENT DU FÉLIN
OU SON CALME ?

Elizabeth Hamilton

Prête-moi ton chat

Hugues Chastel a créé **Prête-moi ton chat** avec Marie Quincey, son amie du lycée. À moins de 30 ans, il a déjà une création de start-up à son actif et a été consultant bancaire. Marie, elle, a travaillé en agence de publicité et a une expérience associative à son actif. Tous les deux sont passionnés par l'essor de l'économie collaborative. L'idée de **Prête-moi ton chat** a commencé à germer dans ce contexte. Elle s'est concrétisée dans un café parisien, quand le chat du patron est venu s'installer confortablement sur leurs genoux…

Prête-moi ton chat est un service collaboratif de cat-sitting mettant en relation des particuliers sur internet. Les propriétaires de chats souhaitant faire garder leur animal (vacances, absences, etc.) peuvent trouver des particuliers (les hôtes) qui souhaitent en héberger sur des périodes courtes. Les hôtes aiment la compagnie des chats et sont disposés à en accueillir bénévolement. Certains ont déjà des chats, la plupart n'en ont pas.

En s'inscrivant sur le site, les hôtes se localisent. Le propriétaire trouve un hôte près de chez lui, échange avec lui, convient des dates, et amène le chat, sa nourriture et sa litière. Il remet le chat « clés en main » à la personne qui va s'en occuper.

L'hôte renseigne par exemple s'il a des enfants. Hugues Chastel explique qu'il encourage les propriétaires et les hôtes à se rencontrer avant le départ, voire à confier le chat pour la journée pour être sûr qu'il s'acclimate bien.

Prête-moi ton chat est un service collaboratif de cat-sitting mettant en relation des particuliers sur internet. Les propriétaires de chats souhaitant faire garder leur animal (vacances, absences, etc.) peuvent trouver des particuliers (les hôtes) qui souhaitent en héberger sur des périodes courtes.

Le propriétaire confie donc son animal à un bénévole, qui ne garde pas plusieurs chats en même temps, qui est motivé, impliqué et le fait par plaisir.

Il y a à ce jour 6 000 inscrits sur le site, dont 2 000 hôtes. On peut trouver partout en France un hôte à moins de 50 km de chez soi, ainsi qu'en Suisse et en Belgique (toutefois, les hôtes sont plus souvent situés près des frontières). La demande est bien supérieure à l'offre en été. Le reste de l'année, les hôtes se plaignent de ne pas avoir de chat à garder !

Chaque garde de chat coûte 3 € par jour et génère un don de 1 € par jour à une association caritative, parmi trois associations partenaires. Le don est effectué par le propriétaire du chat.

Les trois associations partenaires sont :
- la SPA,
- l'APA (Afrique pleine d'avenir),
- Cheer Up ! (fédération qui accompagne de jeunes adultes atteints de cancer dans la réalisation de projets qui leur tiennent à cœur).

Les deux cofondateurs, tous les deux amoureux des chats, ont eu cette idée en constatant l'engouement que suscitent les félins, notamment sur internet. Le chat réunit les gens et des communautés.

Hugues et Marie n'envisagent pas de proposer d'autres services avec d'autres animaux.

La charte du site

En tant qu'hôte,

pendant une garde de chat, je m'engage :

1 À passer un minimum d'une heure par jour avec le chat qui m'est confié.

2 À donner à manger au chat au moins une fois par jour.

3 À ne maltraiter le chat sous aucun prétexte.

4 À ne pas laisser le chat en extérieur ou près d'une fenêtre ouverte, sans surveillance.

5 À nettoyer la litière du chat dès que nécessaire.

6 À prévenir le propriétaire immédiatement en cas de problème.

7 À respecter la durée de la garde.

8 À mettre en pratique les conseils pour garder un chat.

En tant que propriétaire,

pendant une garde de chat, je m'engage :

1 À contacter l'hôte sous 48 h une fois la garde acceptée.

2 À déposer mon chat chez l'hôte à la date et à l'heure prévues en amont.

3 À fournir la nourriture nécessaire pour couvrir la durée de la garde.

4 À fournir la litière nécessaire pour couvrir la durée de la garde, ainsi qu'un bac adapté.

5 À m'assurer que le chat confié n'est pas porteur de puces.

6 À rembourser tous frais vétérinaires qui pourraient être engendrés durant la garde.

7 À fournir un numéro de contact d'urgence à l'hôte.

8 À prévenir Prête-moi ton chat immédiatement en cas de problème.

Enquête sur la croquette

Autrefois, les chats domestiques chassaient et mangeaient des restes. Puis, dans les années 1960, le *petfood* est arrivé et a révolutionné la donne, tout d'abord avec la nourriture humide (la pâtée) puis avec la nourriture sèche (les croquettes). Ces dernières représentent une part de plus en plus importante de l'alimentation des chats, avec 810 000 tonnes vendues chaque année en France. Les croquettes grignotent peu à peu le marché, avec des innovations permanentes et des dizaines de références. Au point qu'il est difficile de s'y retrouver, dans une offre pléthorique.

L'alimentation de minette

Les chats ont hérité de leurs ancêtres l'habitude de manger en plusieurs fois et en petites quantités. Les félins qui vivaient dans le désert devaient se contenter de petites proies et de peu d'eau. Nos matous d'aujourd'hui boivent donc peu et mangent, s'ils le peuvent, de petites quantités plusieurs fois par jour. Les chats sont adeptes du self-service : **une gamelle laissée à disposition et un peu d'eau leur permettent de s'alimenter selon leurs désirs !** Comme ils savent généralement bien réguler leur prise alimentaire, il y a peu de risques qu'ils deviennent obèses.

Les ingrédients à la moulinette

Les croquettes pour chat sont fabriquées à partir de **matières premières d'origine animale,** de **céréales ou de féculents,** de compléments **minéraux,** de **vitamines** et **d'agents texturants.** Ces différents composants sont déshydratés et assemblés en usine. Puis ils sont cuits, découpés, séchés et enfin enrobés de matière grasse afin d'être plus appétents. Selon les marques (et le prix), la composition des croquettes varie sur la **proportion** de protéines (animales et/ou végétales), de lipides (les graisses) et de glucides (les sucres).

Les règles sanitaires de fabrication des croquettes sont les mêmes que dans l'alimentation humaine. Ce sont des animaux qui ont été abattus dans un abattoir et ont été considérés comme propres à l'abattage pour la consommation humaine, et aucun animal décédé hors circuit alimentaire ne peut entrer dans leur composition. En revanche, il ne faut pas rêver : la grande majorité des croquettes n'est pas fabriquée avec du filet, ni même des bas morceaux. **La plupart des croquettes sont élaborées à partir de sous-produits,** soit des abats, mais aussi carcasses et autres déchets.

Céréales : une entourloupette ?

Si la proportion de « vraie » viande dans les croquettes influe sur la quantité de protéines, **la proportion de céréales ou de féculents pose un vrai problème en faisant monter le taux de glucides.** En effet, les céréales ou les féculents étant moins chers que la viande, des fabricants en ajoutent en quantité dans les croquettes. Problème : les céréales (en particulier le maïs ou le blé) ont plus de risques de receler des **mycotoxines,** qui peuvent être dangereuses pour l'organisme, et elles apportent aux chats des glucides en trop grande quantité. **Les céréales, comme les féculents, ne font pas partie de l'alimentation du chat dans la nature** : son organisme n'est donc pas « équipé » pour les digérer correctement en quantité. Résultat : **le chat les digère mal,** ce qui peut entraîner une prise de poids et des problèmes de santé à terme, en particulier du diabète.

La bonne étiquette

Pour choisir des croquettes de votre chat, **potassez bien les étiquettes !** Les fabricants de croquettes sont souvent assez évasifs sur leur composition, mais voici quelques éléments importants.

Un chaton en croissance a besoin de plus de calcium et de protéines qu'un chat adulte. **Un chat âgé** a besoin de plus de protéines lui aussi, mais de moins de minéraux. La moyenne en protéines pour un chat d'intérieur stérilisé devrait être supérieure à 35 %. Choisissez de préférence les croquettes qui contiennent au maximum 40 % de glucides, idéalement entre 15 et 30 %. **L'appellation « riche en... » n'est pas un gage de qualité. Le prix non plus !** Ainsi, une marque réputée de croquettes à visée thérapeutique (et light de surcroît) affiche 38,9 % de glucides au compteur... Enfin, **prenez garde au taux de cendres** : si celui-ci est supérieur à 9 %, c'est souvent le signe que les matières premières animales utilisées sont de qualité médiocre. Le mieux est donc de décrypter l'étiquette. Sachant que les fabricants n'ont pas l'obligation d'indiquer la quantité de glucides dans leurs produits, vous aurez bien souvent à faire vous-même le calcul.

Par exemple, si vous additionnez la composition de ces croquettes :

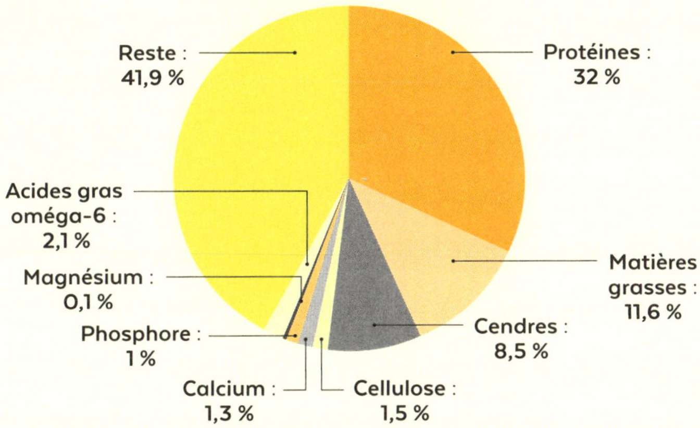

Vous obtenez un total de 58,1 %. Ce qui signifie que le taux de glucides est vraisemblablement de 41,9 %, un taux trop élevé pour la bonne santé du chat.

Quelles croquettes mettre dans l'assiette ?

Il existe des dizaines de références de croquettes : chaton, adulte, sénior, chat stérilisé, light, délicat, boules de poils, adaptées à certaines races (Maine coon, Persan, etc.), « médicales » (problèmes rénaux, hépatiques, cutanés, cardiaques, etc.)... Si **les croquettes chaton et sénior ont leur intérêt,** car elles sont censées être adaptées aux besoins nutritionnels des chats à ce moment de leur existence, **les autres variétés peuvent ne pas avoir grande utilité.** Pour choisir, le mieux est de s'affranchir du packaging et du marketing et attraper sa calculette pour **décrypter l'étiquette !**

Croquettes ou boulettes : le match

Mais alors, si les croquettes ne sont pas toujours au top, **pourquoi ne pas se tourner vers la pâtée ?** Parce que la pâtée ne résout malheureusement pas tous les problèmes…

• **La qualité** : elle peut être meilleure, comme sensiblement la même.
• **Le prix** : les croquettes sont plus économiques. Pour le même apport nutritionnel, elles reviennent de deux à quatre fois moins cher que la pâtée.
• **L'appétence** : les croquettes ont une appétence moindre par rapport à la pâtée. Certains chats un peu difficiles peuvent rechigner à les manger.
• **Les problèmes rénaux** : les croquettes apportent très peu d'eau (5 à 10 %). Comme le chat est un petit buveur, il est possible qu'il développe des problèmes rénaux. La pâtée, composée à 70 % d'eau, ne pose donc pas ce problème !
• **Le côté pratique** : les croquettes gagnent cette manche à plate couture, car elles sont plus faciles à stocker, plus légères, et ne s'abîment pas au contact de l'air.

Où faire ses emplettes ?

Vous pouvez acheter des croquettes dans **quatre types de circuits de vente,** où les produits proposés ne seront pas les mêmes.

· **En distribution classique** (supermarchés, hypermarchés…) vous trouverez des croquettes basiques, milieu et haut de gamme.
· **En distribution spécialisée** (animaleries et jardineries), vous pourrez acheter des croquettes haut de gamme et à visée thérapeutique.
· **Les vétérinaires** ne vendent que des croquettes à visées thérapeutiques.
· **Enfin, selon les sites internet,** vous pouvez trouver tous les types de croquettes.

Et les pépettes dans tout ça ?

Il est pratiquement aussi difficile de s'y retrouver dans le prix que dans la composition ! Pour la même marque, le coût peut varier du simple au double selon le réseau de distribution. Par ailleurs, **un facteur important à prendre en compte est la quantité à distribuer quotidiennement.** En effet, selon les croquettes, les fabricants peuvent indiquer des quantités allant de 70 à 110 g par jour pour un chat de 6 kg, ce qui fait une différence de 40 % ! Certains fabricants comptent un peu large, il est donc utile de **poser la question au vétérinaire** pour savoir combien de croquettes distribuer chaque jour.

Voici quelques prix relevés dans différents réseaux de distribution. C'est compliqué de s'y retrouver dans la jungle des croquettes, et ce n'est pas toujours facile de **concilier différents impératifs** : la santé de votre chat, son bien-être, son goût, sa capacité de nuisance s'il n'est pas content de sa gamelle, vos finances, le temps et l'énergie que vous pouvez y consacrer… Mais **se pencher sur la question est aussi un investissement pour l'avenir,** afin d'éviter que Minet ne développe un surpoids ou une maladie.

Type de croquettes	Réseau de distribution	Quantités/jour pour un chat de 6 kg	Prix au kilo	Coût mensuel
Marque distributeur	Hypermarché	80 g	1,11 €	2,66 €
	Hard discount	85 g	1,15 €	2,93 €
	Hypermarché internet	80 g	1,23 €	2,95 €
Bas de gamme	Hypermarché	110 g	1,35 €	4,45 €
	Hypermarché internet	110 g	3,52 €	11,61 €
	Moyenne surface	110 g	2,05 €	6,76 €
	Animalerie	110 g	2,14 €	7,06 €
	Animalerie internet	110 g	2,53 €	8,34 €
Moyenne gamme	Animalerie internet	70 g	2,36 €	4,95 €
	Animalerie	70 g	2,75 €	5,77 €
	Moyenne surface	70 g	2,85 €	5,98 €
	Hypermarché	70 g	2,92 €	6,13 €
Haut de gamme	Hypermarché	80 g	3,82 €	9,16 €
	Hypermarché internet	80 g	3,83 €	9,19 €
	Animalerie internet	80 g	4,00 €	9,60 €
	Moyenne surface	80 g	4,53 €	10,87 €
	Animalerie	80 g	7,33 €	17,59 €
Haut de gamme +	Animalerie	90 g	10,83-11,66 €	29,24-31,48 €
	Animalerie internet	90 g	7,66 €	20,68 €
Thérapeutiques	Animalerie internet	75 g	8,33-11,00 €	18,75-24,75 €
	Vétérinaire	75 g	17,00 €	38,25 €
Bio/Sans céréales	Animalerie	80 g	13,95 €	33,48 €
	Animalerie internet	85 g	8,33-16,66 €	25,16-42,48 €
	Vétérinaire	85 g	12,50 €	31,87 €

Nous avons interviewé le docteur vétérinaire Stéphane Behra, praticien dans l'Hérault, pour faire le point sur les croquettes, un sujet bien plus complexe qu'il n'y paraît.

miaou : Les croquettes, ça n'a pas l'air très bon, est-ce qu'un chat aime cela quand même ? Faut-il changer de goût de temps en temps pour qu'il ne se lasse pas ?
Stéphane Behra : Les chats peuvent manger des croquettes de qualité toute leur vie. Il faut cependant veiller à ce qu'ils aient toujours une source d'eau à disposition et à choisir un « aliment complet », c'est une mention obligatoire sur l'étiquette. Certains chats n'aiment pas du tout les changements, d'autres oui… mais ils n'ont pas besoin de goûts différents à chaque sac !

miaou : Côté santé, quels sont les avantages des croquettes ?
S. B. : L'avantage des croquettes est surtout pour le propriétaire, car c'est un aliment qui se conserve bien et qui est facile à donner. Le coût aussi est intéressant. Concernant la santé, certaines croquettes ont une visée thérapeutique.

miaou : Est-ce que la pâtée est meilleure ? Cela semble plus appétissant…
S. B. : La pâtée est plus intéressante, car le chat, qui est un petit buveur, consommera plus d'eau que s'il mange des croquettes. Il est possible de faire une ration mixte (croquettes + pâtée). Cela dit, il vaut mieux des croquettes de qualité que de la pâtée de mauvaise qualité ! Il est aussi possible de préparer des plats « maison » à son chat. Ils se composent de viande ou de poisson, de légumes, de féculents, d'huile et d'un complément minéral et vitaminique indispensable. Il est nécessaire de calculer une ou plusieurs recettes pour ajuster les quantités de chaque ingrédient afin de couvrir l'ensemble des besoins de l'animal.

miaou : Toutes les marques de croquettes sont-elles équilibrées ?
S. B. : Oui et non. Tout dépend des besoins spécifiques de chaque chat, selon son âge et son poids, s'il est stérilisé, s'il a accès à l'extérieur, s'il est malade… des croquettes adaptées à l'un peuvent ne pas l'être à un autre. Le coût des croquettes est déjà un critère à prendre en compte, la qualité a un prix. Cela dit, un prix élevé n'est pas forcément une garantie de qualité.

miaou : Avec tous les scandales alimentaires récents, comment être sûr qu'il n'y a pas d'éléments nocifs dans les croquettes ?
S. B. : Cette question est au fond « peut-on avoir confiance en nos industriels ? ». On n'est jamais sûr de rien, cependant nous sommes dans un pays où les contrôles sanitaires sont importants. Quelle que soit notre alimentation ou celle de

nos animaux, il y aura toujours un risque, qui est minimisé grâce à la réglementation.

miaou : Il existe des dizaines de sortes de croquettes, comment choisir les meilleures : y a-t-il des éléments à vérifier dans leur composition ?

S. B. : Il est malheureusement difficile pour le consommateur de lire les étiquettes. Par exemple la teneur en protéines est une information importante, mais il faut qu'elles soient de qualité et ça, c'est plus dur à vérifier. La teneur en glucides n'est pas une mention obligatoire, parfois c'est très élevé, mais du coup il est nécessaire de le calculer. Dans tous les cas si les selles de l'animal ne sont pas moulées ou sont trop volumineuses, cela signifie que l'aliment n'est pas adapté et qu'il faut en changer.

miaou : Faut-il privilégier les croquettes bio ou sans céréales ?

S. B. : Tout dépend de l'animal et des convictions de chacun. Même si le chat ne mange naturellement pas de céréales, leur présence dans les croquettes n'est pas forcément problématique. Par contre tout est une question de dosage et il faut que la composition des croquettes couvre les besoins du chat. Le « sans céréales » n'est pas forcément le Graal, avec parfois une teneur en glucides malgré tout élevée. La pomme de terre et les pois prennent souvent la place des céréales. Quant au bio, il vaut mieux répondre aux besoins de l'animal avec des croquettes non bio que de donner des croquettes bio mal équilibrées.

miaou : Est-ce que les croquettes destinées à certaines races sont vraiment différentes ?

S. B. : Tout dépend des marques, il y a surtout un marketing très efficace.

miaou : Peut-on nourrir un chat toute sa vie avec des croquettes ?

S. B. : Oui, sans problème.

Hector Kitchen

des croquettes sur mesure, et à domicile !

Charlotte Gnaedinger est spécialiste en nutrition animale et responsable de la partie « alimentation » du site Hector Kitchen, fondé par Julien Muller (qui a lancé le site Holidog de mise en relation entre propriétaires de chats et cat-sitters). Le docteur Thierry Bedossa (vétérinaire et président de l'association Aide aux vieux animaux) se charge de la partie « vétérinaire ». Hector Kitchen développe un tout nouveau concept : une alimentation sur mesure pour les animaux de compagnie.

miaou : Quel est votre parcours ?

Charlotte Gnaedinger : Mon parcours est « classique » : je suis agronome, diplômée d'AgroParisTech et spécialisée en en nutrition animale. Enfant, j'ai passé énormément de temps dans la ferme de mes grands-parents. Je me suis donc intéressée très tôt à l'alimentation des animaux. Quand on évolue au milieu des bêtes, on se rend vite compte à quel point l'alimentation a un impact sur la qualité de vie, voire la vie tout court. La nutrition m'a paru très vite indispensable à la préservation du bien-être de mes petits compagnons à poils, à moustaches et à sabots. Très tôt, j'ai lu des ouvrages sur le sujet et essayé d'en savoir plus. Je continue aujourd'hui. La nutrition est une science complexe où rien n'est figé. C'est passionnant.

miaou : Comment fonctionne Hector Kitchen ?

C. G. : Un questionnaire en ligne d'une quinzaine de paramètres permet d'établir le profil nutritionnel de l'animal et de comprendre avec précision ses besoins nutritionnels spécifiques. Une fois le profil nutritionnel établi, Hector Kitchen compose la ration de croquettes optimale pour chaque animal. Les formules sont fabriquées en France et en Allemagne. Livré en trois à quatre jours à domicile, chaque sac (un mois de rations) est personnalisé et accompagné d'un mode d'emploi pour respecter les doses journalières du menu.

miaou : Quelle est la spécificité des croquettes que vous proposez pour les chats ?

C. G. : Nous ne proposons pas uniquement des

croquettes de qualité et adaptées aux besoins de chaque animal. Si nous n'avons pas d'aliment adapté, nous bloquons la vente ! Hélas, personne d'autre ne fait ça aujourd'hui… Nous souhaitons également prendre en main l'ensemble de l'alimentation de l'animal. Nous proposons donc des croquettes, mais aussi des aliments complets riches en viande (pâtée) pour les chats, qui ont besoin d'apports importants en eau. Nous fournissons également des compléments alimentaires en fonction des spécificités indiquées par le maître et même des friandises (pour promouvoir l'hygiène bucco-dentaire par exemple) ! En dehors des produits vendus, nous offrons enfin un service de suivi (poids, beauté du pelage, qualité des selles) et d'accompagnement des propriétaires avec des conseils personnalisés. Nous conseillons à tous les propriétaires d'enrichir les gamelles de leurs animaux en ajoutant, selon la situation, de la viande, voire des légumes. Il est grand temps de sortir du « tout croquettes » !

miaou : Indiquez-vous l'origine des produits qui rentrent dans la composition de vos croquettes ?

C. G. : Effectivement l'origine des produits nous tient à cœur. Nous avons fait un tri drastique dans nos partenaires industriels et privilégions le plus possible les provenances locales ou au moins des produits originaires de l'Union européenne.

Charlotte Gnaedinger

Julien Muller

Thierry Bedossa

L'alternative aux croquettes : la tendance BARF

Le BARF (*Bones and Raw Food,* « Os et nourriture crue », souvent simplement appelée RAW pour les chats) est une méthode d'alimentation des animaux de compagnie mise en place en Australie au début des années 1990. Le principe étant de reconstituer une proie et donc de donner à son chat des rations composées :

- **de viande crue et de poissons gras entiers crus deux à trois fois par semaine au moins,**
- **d'os charnus crus adaptés à la taille de l'animal dont les quantités varient selon leur teneur en os (caille entière, coquelet en morceaux, cuisse ou râble de lapin, cou de poulet, etc.),**
- **d'abats (dont 5 % de foie),**
- **de compléments (levure de bière, huile de poisson, huile de colza, poudre d'algue, jaune d'œuf, légumes, son d'avoine, etc.),**

en diversifiant les apports : au moins trois types de viande et plusieurs types d'os charnus dans le mois.

Depuis quelques années en France, des maîtres se tournent vers le BARF, car ils cherchent une alternative à l'alimentation industrielle, par conviction, principe de précaution, ou parce que leur chat présente des problèmes de santé. Nous avons interviewé le docteur vétérinaire Thierry Bedossa pour avoir son avis sur la question.

Bon à savoir :
On peut trouver sur le site http://www.barf.ch tout le nécessaire à la mise en place d'un régime BARF : ingrédients, exemples de menus, calculateur de quantités...

miaou : En quoi consiste le régime BARF ?
Thierry Bedossa : Le régime BARF est à base de viande crue et de compléments alimentaires. Dans les pays moins développés, les chats domestiques se nourrissent de viande crue, de poisson, de restes, de déchets organiques et de ce qu'ils peuvent trouver aux abords des habitats humains et semblent bien s'en porter ! L'idée du BARF repose sur ces observations et applique donc ce principe.

miaou : Qu'est-ce que ce régime apporte à l'animal par rapport à une alimentation industrielle classique ?
T. B. : De plus en plus de propriétaires de chats se demandent (à juste raison, selon moi) si les aliments préparés pour animaux de compagnie (pâtées ou croquettes) ne sont pas « survendus ». Les aliments préparés (hors label bio AB, bien sûr), s'ils ne présentent aucun risque sanitaire ou nutritionnel, peuvent probablement être préjudiciables à l'animal au long terme. En effet ils :
- n'offrent pas de diversité dans le régime alimentaire si on donne toujours les mêmes à l'animal,
- sont élaborés à partir de matières premières de qualité sans doute discutable, car leur traçabilité et leur *sourcing* sont difficiles à connaître,
- contiennent une grande quantité de protéines et d'amidon issus des céréales,
- sont très caloriques et favorisent l'obésité chez les animaux castrés et sédentaires,
- sont élaborés sans respecter l'environnement (surpêche, déforestation, élevage en batterie...).

Une alimentation naturelle, à plus forte raison si

elle est issue de fournisseurs respectueux de l'environnement et de l'animal, semble donc une solution plus favorable.

miaou : Ce régime peut-il être proposé à tous les chats ?

T. B. : Oui, mais il nécessite bien évidemment d'être adapté à chaque animal. Il faut tenir compte de certains états métaboliques particuliers : croissance, gestation, lactation, très grand âge, usure ou insuffisance organique… Comme le BARF est à base de viande crue, il est sans doute un peu plus difficile à digérer que l'alimentation cuite industrielle. Il est donc nécessaire de ne pas passer soudain d'un type d'aliment à un autre et d'introduire le BARF progressivement dans l'alimentation de l'animal. Il faut aussi absolument se soucier de l'équilibre nutritionnel de la ration.

miaou : Financièrement, est-ce plus ou moins cher que l'alimentation industrielle ?

T. B. : Je pense que c'est à peu près équivalent, voire moins cher si on prend le temps de trouver la bonne boucherie ! Tous les types de viande conviennent : maigre ou non, viande, os, abats… ce qui compte c'est la digestibilité, la valeur biologique des protéines apportées ainsi que l'équilibre nutritionnel de la ration.

miaou : Est-on sûr de ne pas faire d'erreurs de nutrition ?

T. B. : De nombreux sites proposent des informations sur le régime BARF et permettent d'élaborer des repas équilibrés. On peut aussi demander conseil à son vétérinaire et à son équipe pour sélectionner les matières premières et élaborer des rations équilibrées sur le plan nutritionnel. Des détracteurs du régime BARF (entre autres l'*American animal hospital association*) arguent de risques de déséquilibre alimentaire. Le seul problème, c'est qu'à ce jour, aucune étude sérieuse, conduite selon un protocole scientifique incontestable et sur le long terme (au minimum la durée de vie moyenne de nos bêtes) ne permet de comparer les vertus de l'alimentation industrielle par rapport au BARF. Il est donc impossible d'avancer que l'un est meilleur que l'autre. Et il est bien évident que les marques d'aliments industriels font un lobbying intense ! Comme le BARF est, par essence, plus respectueux de l'animal et de la nature, je ne vois pas d'inconvénient à laisser les propriétaires de chats qui voudraient le tester se lancer dans l'aventure.

Quelques conseils

• **Ne vous improvisez pas nutritionniste :** vous risqueriez, au mieux, de provoquer des carences chez votre animal, au pire, une intoxication alimentaire en lui donnant des produits dangereux pour lui.

• **Demandez conseil à votre vétérinaire :** il vous indiquera le type de produits à utiliser, les proportions ainsi que les suppléments à intégrer pour éviter les carences.

• **Ne passez pas brutalement de l'alimentation industrielle à l'alimentation « maison » pour chat :** cette dernière ne se digère pas aussi facilement et il risquerait d'être malade. Passez très progressivement de l'une à l'autre.

Idées shopping pour chats vacanciers

Petite sélection d'objets bien pensés qui facilitent les vacances : que le chat soit du voyage ou qu'il reste en solo à la maison, on s'aide avec quelques accessoires !

Sac de voyage Lurvig
Ikea • 24,90 €

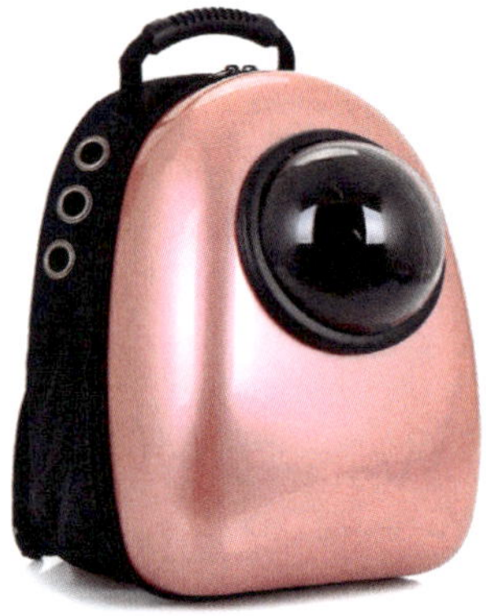

Sac à dos Kaka Mall
Amazon • 43,99 €

Sac de transport et panier 2 en 1 Slomg
Amazon • 18,99 €

Collier GPS connecté compatible iPhone et Android
Weenect • 79,99 €

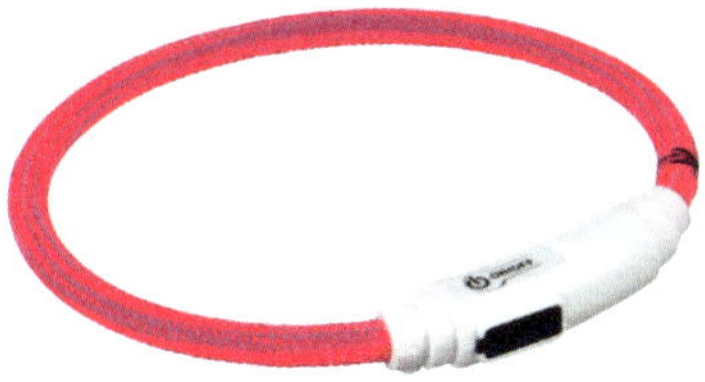

Collier lumineux rechargeable par prise USB Trixie
Pet's expert • 6,67 €

Harnais de sécurité pour voiture Trixie
Zooplus • 4,49 €

Litière de voyage CatLite
Wanimo • 10,10 €

Kit de voyage gamelle eau et croquettes Easy Go
Nos petits poilus • 17,90 €

Jouet laser programmable Dart
Zoomalia • 29,99 €

Abreuvoir Catit
Zooplus • 27,99 €

Distributeur réfrigéré de nourriture programmable pour 5 repas Cat Mate
Zooplus • 49,99 €

Litière autonettoyante ScoopFree
Wanimo • 149,99 €

Carnet d'adresses p.166.

GEO BOOK
RYTHMEZ VOS PROCHAINS VOYAGES
DE FABULEUSES RENCONTRES !
GEO BOOK
1000 idées de voyages
SPÉCIAL ANIMAUX
Bien choisir son séjour
France et monde
OÙ ALLER ?
QUAND PARTIR ?
QUE VOIR ?
QUE FAIRE ?
22,95€ • 192 pages
OÙ VOIR
les plus beaux animaux
du monde ?
QUAND PARTIR
pour être sûr de
les observer ?
COMMENT BÂTIR
son voyage pour en
profiter pleinement ?
DÉCOUVREZ ÉGALEMENT
110 PAYS
6000 IDÉES
1000 idées d'escapades
en Europe
1000 idées
de séjours en France
Routes de France
« Qui n'a jamais rêvé d'observer
les félins au milieu de la savane
africaine ou de nager avec
les tortues dans les eaux
chaudes du Pacifique ?
Ce tout nouveau GEOBook
vous propose des parcours
responsables qui ne manqueront
pas de vous émerveiller ! Bon voyage ! »
Raphaël de Casabianca,
voyageur, réalisateur, présentateur
d'Échappées Belles sur France 5.
© Sven Etcheverry
DISPONIBLES EN LIBRAIRIE A PARTIR DE 22,95€
www.editions-prisma.com

Ne réveillez pas le chat qui dort

À la fin de sa vie, un chat aura passé entre 60 et 70 % de son temps à dormir. En étudiant ses siestes innombrables, les scientifiques ont découvert que l'activité électrique de son cerveau reste très importante durant son sommeil. Ils en ont conclu que, tout comme l'homme, le chat rêve ! Et ne vous fiez pas aux apparences, il ne dort jamais que d'une oreille. Ses sens restent en alerte pour le prévenir en cas de danger.

De gros dormeurs

Les chats dorment entre douze et seize heures par jour, avec une période de sommeil nocturne de huit heures. Ils ont cela en commun avec les grands félins sauvages : ils ont en effet gardé le souvenir de l'époque où ils devaient eux aussi chasser pour se nourrir. Ils passaient de longues heures endormis pour s'économiser, ne sachant pas quand aurait lieu leur prochain repas reconstituant. Les chats répartissent leurs siestes tout au long de la journée. Ils dorment plus l'hiver que l'été, et plutôt la nuit s'ils sont domestiqués. Mais même domestiqués, les chats dorment rarement à l'aube et au crépuscule, car ce sont les meilleurs moments pour la chasse.

Phases de sommeil et positions

Dès l'âge de deux mois et demi, le chat passe par plusieurs phases de sommeil : la somnolence, l'assoupissement et le sommeil profond (ou sommeil paradoxal). C'est pendant cette dernière phase qu'il rêve. Sous ses paupières, ses yeux bougent très vite ; parfois, ses pattes, ses moustaches ou sa queue tressaillent, il peut même claquer des dents ou tirer la langue !

Selon les chercheurs, le chat est l'animal qui passe le plus rapidement du sommeil à la veille. Mais on peut facilement décoder son degré d'endormissement. Quand il dort sur le ventre, les pattes repliées sous lui, il ne dort que d'un œil : il est prêt à bondir à la moindre sollicitation. En revanche, quand il sommeille enroulé sur lui-même, tel un escargot, le menton posé sur ses pattes ou une patte sur la tête, il a un sommeil nettement plus profond. Quand il repose sur le flanc, les pattes allongées devant lui, il en faut beaucoup pour le tirer des bras de Morphée ! La position adoptée par le chat pour dormir varie également en fonction de la saison et de la température. Roulé en boule en hiver, il s'étendra de tout son long en été.

Haut perché

Quand il souhaite se reposer, le chat s'efforce de choisir une retraite paisible où aucun perturbateur, humain ou canin, ne viendra le déranger. Quand il veut dormir profondément, il cherche un cocon protégé. Lorsqu'il découvre un nouveau lieu, il aime se poster sur le meuble ou le bâtiment le plus haut afin de se mettre à l'abri. Les chats s'installent souvent sur la pile de linge la plus haute de l'étagère la plus élevée d'une armoire.

Et après la sieste ?

En se réveillant, le chat s'étire pendant quelques instants et bâille à s'en décrocher la mâchoire. Puis, il se cambre, allonge ses pattes pour rétablir la circulation sanguine et retrouver ses réflexes.

Une des expressions
du bonheur du chat,
c'est la sieste.

Cleveland Amory

Petites histoires, infos et actus sur nos félins préférés.

M. Chat fête ses 20 ans !

Le célèbre chat orange au sourire éclatant qui orne certains murs de Paris fête ses vingt ans. Thoma Vuille a créé ce graff à Orléans, sa ville d'adoption. Il est devenu depuis l'un des peintres les plus en vue du *street art*. « Le cadre de mon travail est la ville, ses rues, ses murs, et le regard de ceux qui l'habitent. Je cherche à créer des supports à la narration de la ville pour ses habitants, participant à la naissance et à l'échange d'une culture de proximité. » Ses lieux de prédilection sont les sites abandonnés et un peu tristes. Après Paris, M. Chat a conquis Lille, Tours, Honfleur ou l'île d'Yeu avant de partir visiter le monde : New York, Cuba, Hong Kong, en passant par Sarajevo, São Paulo…

Adieu, Chat du rabbin

Le matou qui a inspiré à Joann Sfar son célèbre personnage de chat du rabbin est mort à dix-huit ans en février 2018. Imhotep, un Oriental, a choisi Joann Sfar en 2000, comme le raconte le dessinateur : « Nous sommes allés chez une éleveuse. J'avais un grand manteau et ce chat a quasiment sauté dans ma poche. C'était le plus moche et le plus étrange chat que j'avais jamais vu… Je me suis dit, c'est celui-là. » En 2002, Imhotep devient le célèbre personnage de BD. « Avec ses grands yeux, il regardait tout le monde avec tellement d'intensité que l'on avait l'impression qu'il voulait parler. En plus, il miaulait tout le temps ».

Opération commando dans un bar à chats

Quatre bénévoles de l'association **Les Animaux aux anges** sont intervenus au Chat Luthier, un café de ronronthérapie installé à Nîmes. L'opération était encadrée par une représentante de la SPA, mandatée par le procureur de Nîmes pour amener les chats dans un lieu d'accueil. L'intervention fait suite au saccage du bar par son propre propriétaire. Depuis son ouverture, l'établissement faisait l'objet de nombreuses critiques de clients sur les conditions d'hygiène et sur la santé des chats. Quatorze d'entre eux ont finalement été « amenés en lieu sûr par la SPA », précisent les bénévoles soulagés.

Une mamie au secours des chats de Paris

Émilie N'Guyen, quatre-vingts ans, professeure d'anglais à la retraite, est à la tête de l'association **Les Amis des chats.** Au fil du temps, elle a recueilli 70 chats dans sa petite maison du 15ᵉ arrondissement. Les matous errants du quartier y sont soignés, identifiés, stérilisés et… chouchoutés ! Au menu, tous les soirs, quatre beaux poulets cuisinés avec amour.

Garfield

fête ses 40 ans !

Le succès de Garfield, dessiné pour la première fois en juin 1978, ne se dément pas, et la série est encore publiée partout dans le monde. Son créateur est un auteur américain, Jim Davis, principalement connu pour ce personnage. Qui est Jim Davis, l'homme derrière le chat ? Et comment a-t-il donné naissance à ce chat peu commun, à la fois sarcastique, paresseux et gourmand ?

Entouré de vingt-cinq chats

Né le 28 juillet 1945 dans l'Indiana, Jim Davis grandit dans une petite ferme avec ses parents, son frère et leurs… 25 chats ! Contraint par des crises d'asthme à rester à l'intérieur de la maison, le jeune garçon passe des heures avec un crayon, du papier et son imagination. Il s'aperçoit rapidement que ses dessins sont plus amusants lorsqu'il les accompagne d'un texte. Il est tellement obsédé par ses dessins et les gags qu'il imagine, qu'il termine ses études avec « les pires résultats jamais enregistrés à l'université de Ball State ».

Du moucheron au chat

En 1969, il crée une bande dessinée autour d'un personnage éminemment cynique, un moucheron dénommé Gnorm Gnat. Le strip est publié dans un journal local, mais lorsque Davis essaye de le vendre à un syndicat national, on lui rétorque que les insectes n'amusent personne. Cinq ans plus tard, Davis dessine dans son dernier strip un pied géant qui tombe du ciel, écrasant Gnorm.

Davis constate alors qu'il existe de nombreux strips mettant en scène des chiens, tandis que les chats sont plutôt rares, malgré le nombre de personnes qui en possèdent. La première apparition de Garfield

40 ANS CHAT SE FÊTE !
CHA-PRISTI ! LE CHAT LE PLUS GOURMAND ET RÂLEUR DE LA BANDE DESSINÉE REVIENT POUR UN ANNIVERSAIRE HORS DU COMMUN...
GARFIELD A 40 ANS, PAS UNE RIDE MAIS DU BIDE !
RENDEZ-VOUS POUR 3 ALBUMS FAMILIAUX
CHAT-ZAM ! TOME 66 EN MAI
ÉDITION SPÉCIALE ANNIVERSAIRE EN AOÛT
TOME 67 EN OCTOBRE
JIM DAVIS
Garfield
Chat-Zam !
DARGAUD
Garfield
LA BD QUI SE LIT EN FAMILLE !
DARGAUD
LAISSEZ-VOUS SURPRENDRE !
© Paws © Dargaud 2018

a lieu le 19 juin 1978 simultanément dans plus d'une quarantaine de journaux.

À propos de sa série, Jim Davis précise qu'il s'agit « d'un strip, conçu uniquement pour distraire, qui repose sur la forte personnalité d'un chat, gros, paresseux et cynique, et qui évite tout commentaire social ou politique ».

Un succès phénoménal

En 1981, Davis fonde la société Paws. Inc., un studio destiné à produire et à maintenir la qualité artistique de son œuvre ainsi que de ses produits dérivés (plus de 6 000 produits différents vendus dans 69 pays).

Vingt-quatre *Garfield* ont été nommés dans la liste des best-sellers du *New York Times*; onze titres se sont trouvés en tête de la liste.

Vingt-quatre *Garfield* ont été nommés dans la liste des best-sellers du *New York Times*, dont onze titres en tête. En 1981 et en 1985, la National Cartoonists Society décerne à *Garfield* le prix du meilleur strip humoristique. En 1985, la même société remet à son auteur l'Elzie Segar Award pour sa contribution exceptionnelle à la profession. Davis gagne également trois Emmy Ewards dans la catégorie « meilleur film d'animation hors catégorie » pour les scénarios de trois films avec Garfield. À l'automne 1988 sort sur une chaîne américaine la série télévisée *Garfield and friends* qui rencontre un succès critique et public. Dès sa première programmation, elle obtient la meilleure audience jamais enregistrée pour une nouvelle émission le samedi matin.

Beau Garçon,
Béri,
Chatte-Dernière,
Jeune-Bleue,
Kamaralzaman,
Kiki la Doucette,
Frô,
La Noire,
Minionne,
Muscat,
Poucette,
Prrou

Colette

Bébert

Louis-Ferdinand Céline

ch
d'écri

Docteur

Alexandre Dumas

Karoun

Jean Cocteau

Zoroaster

Mark Twain

Mysouff I et II

Alexandre Dumas

Pascal

Anatole France

Éponine,
Madame
Théophile,
Seraphita

Théophile Gautier

Belaud

Joachim du Bellay

Missoui,
Titi,
Mina,
Gros Bébert,
Rantanplan,
Prune
Anny Duperey

Lustrée
André Malraux

Madame Vanity
Michel de Montaigne

ats
vains

Williamina
Charles Dickens

Minou
George Sand

Topaze
Tennessee Williams

Catarina
Edgar Poe

Micetto
François-René de Chateaubriand

Zara
Horace Walpole

Tiger
Charlotte et Emily Brontë

Mimi,
Moumoutte
Pierre Loti

Belle plume

Découvrir les textes de grands auteurs amoureux des chats.

« L'amour des bêtes est, ainsi que tous les grands sentiments, ridicule et délicieux, plein de démence et de douceur, capable d'extravagances véritables aussi bien que des plus sages, des plus solides volontés. »

Émile Zola, dans *L'amour des bêtes*, article paru dans *Le Figaro*, le 24 mars 1896.

Le paradis des chats

Émile Zola (1840-1902)

Nouveaux Contes à Ninon, Éd. Georges Charpentier, 1893.

Une tante m'a légué un chat d'Angora qui est bien la bête la plus stupide que je connaisse. Voici ce que mon chat m'a conté, un soir d'hiver, devant les cendres chaudes.

I

J'avais alors deux ans, et j'étais bien le chat le plus gras et le plus naïf qu'on pût voir. À cet âge tendre, je montrais encore toute la présomption d'un animal qui dédaigne les douceurs du foyer. Et pourtant que de remerciements je devais à la Providence pour m'avoir placé chez votre tante ! La brave femme m'adorait. J'avais, au fond d'une armoire, une véritable chambre à coucher, coussin de plume et triple couverture. La nourriture valait le coucher ; jamais de pain, jamais de soupe, rien que de la viande, de la bonne viande saignante.

Eh bien ! au milieu de ces douceurs, je n'avais qu'un désir, qu'un rêve, me glisser par la fenêtre entr'ouverte et me sauver sur les toits. Les caresses me semblaient fades, la mollesse de mon lit me donnait des nausées, j'étais gras à m'en écœurer moi-même. Et je m'ennuyais tout le long de la journée à être heureux.

Il faut vous dire qu'en allongeant le cou, j'avais vu de la fenêtre le toit d'en face. Quatre chats, ce jour-là, s'y battaient, le poil hérissé, la queue haute, se roulant sur les ardoises bleues, au grand soleil, avec des jurements de joie. Jamais je n'avais contemplé un spectacle si extraordinaire. Dès lors, mes croyances furent fixées. Le véritable bonheur était sur ce toit, derrière cette fenêtre qu'on fermait si soigneusement. Je me donnais pour preuve qu'on fermait ainsi les portes des armoires, derrière lesquelles on cachait la viande.

J'arrêtai le projet de m'enfuir. Il devait y avoir dans la vie autre chose que de la chair saignante. C'était là l'inconnu, l'idéal. Un jour, on oublia de pousser la fenêtre de la cuisine. Je sautai sur un petit toit qui se trouvait au-dessous.

II

Que les toits étaient beaux ! De larges gouttières les bordaient, exhalant des senteurs délicieuses. Je suivis voluptueusement ces gouttières, où mes pattes enfonçaient dans une boue fine, qui avait une tiédeur et une douceur infinies. Il me semblait que je marchais sur du velours. Et il faisait une bonne chaleur au soleil, une chaleur qui fondait ma graisse.

Je ne vous cacherai pas que je tremblais de tous mes membres. Il y avait de l'épouvante dans ma joie. Je me souviens surtout d'une terrible émotion qui faillit me faire culbuter sur les pavés. Trois chats qui roulèrent du faîte d'une maison, vinrent à moi en miaulant affreusement. Et comme je défaillais, ils me traitèrent de grosse bête, ils me dirent qu'ils miaulaient pour rire. Je me mis à miauler avec eux. C'était charmant. Les gaillards n'avaient pas ma stupide graisse. Ils se moquaient de moi, lorsque je glissais comme une boule sur les plaques de zinc, chauffées par le grand soleil. Un vieux matou de la bande me prit particulièrement en amitié. Il m'offrit de faire mon éducation, ce que j'acceptai avec reconnaissance.

Ah ! que le mou de votre tante était loin : je bus aux gouttières, et jamais lait sucré ne m'avait semblé si doux. Tout me parut bon et beau. Une chatte passa, une ravissante chatte, dont la vue m'emplit d'une émotion inconnue. Mes rêves seuls m'avaient jusque-là montré ces créatures exquises dont l'échine a d'adorables souplesses. Nous nous nous précipitâmes à la rencontre de la nouvelle venue, mes trois compagnons et moi. Je devançai les autres, j'allais faire mon compliment à la ravissante chatte, lorsqu'un de mes camarades me mordit cruellement au cou. Je poussai un cri de douleur.

– Bah ! me dit le vieux matou en m'entraînant, vous en verrez bien d'autres.

III

Au bout d'une heure de promenade, je me sentis un appétit féroce.

– Qu'est-ce qu'on mange sur les toits ? demandai-je à mon ami le matou.

– Ce qu'on trouve, me répondit-il doctement.

Cette réponse m'embarrassa, car j'avais beau chercher, je ne trouvais rien. J'aperçus enfin, dans une mansarde, une jeune ouvrière qui préparait son déjeuner. Sur la table, au-dessous de la fenêtre, s'étalait une belle côtelette, d'un rouge appétissant.

– Voilà mon affaire, pensai-je en toute naïveté.

Et je sautai sur la table, où je pris la côtelette. Mais l'ouvrière m'ayant aperçu, m'asséna sur l'échine un terrible coup de balai. Je lâchai la viande, je m'enfuis, en jetant un juron effroyable.

– Vous sortez donc de votre village ? me dit le matou. La viande qui est sur les tables est faite pour être désirée de loin. C'est dans les gouttières qu'il faut chercher.

Jamais je ne pus comprendre que la viande des cuisines n'appartînt pas aux chats. Mon ventre commençait à se fâcher sérieusement. Le matou acheva de me désespérer en me disant qu'il fallait attendre la nuit. Alors nous descendrions dans la rue, nous fouillerions les tas d'ordures. Attendre la nuit ! Il disait cela tranquillement, en philosophe endurci. Moi, je me sentais défaillir, à la seule pensée de ce jeûne prolongé.

IV

La nuit vint lentement, une nuit de brouillard qui me glaça. La pluie tomba bientôt, mince, pénétrante, fouettée par des souffles brusques de vent. Nous descendîmes par la baie vitrée d'un escalier. Que la rue me parut laide ! Ce n'était plus cette bonne chaleur, ce large soleil, ces toits blancs de lumière où l'on se vautrait si délicieusement. Mes pattes glissaient sur le pavé gras. Je me souvins avec amertume de ma triple couverture et de mon coussin de plume.

À peine étions-nous dans la rue, que mon ami le matou se mit à trembler. Il se fit petit, petit, et fila sournoisement le long des maisons, en me disant de le suivre au plus vite. Dès qu'il rencontra une porte cochère, il s'y réfugia à la hâte, en laissant échapper un ronronnement de satisfaction. Comme je l'interrogeais sur cette fuite :

– Avez-vous vu cet homme qui avait une hotte et un crochet ? Me demanda-t-il.

– Oui.

– Eh bien ! s'il nous avait aperçus, il nous aurait assommés et mangés à la broche !

– Mangés à la broche ! m'écriai-je. Mais la rue n'est donc pas à nous ? On ne mange pas, et l'on est mangé !

V

Cependant, on avait vidé les ordures devant les portes. Je fouillai les tas avec désespoir. Je rencontrai deux ou trois os maigres qui avaient traîné dans les cendres. C'est alors que je compris combien le mou frais est succulent. Mon ami le matou grattait les ordures en artiste. Il me fit courir jusqu'au matin, visitant chaque pavé, ne se pressant point. Pendant près de dix heures je reçus la pluie, je grelottai de tous mes membres. Maudite rue, maudite liberté, et comme je regrettai ma prison !

Au jour, le matou, voyant que je chancelais :

– Vous en avez assez ? me demanda-t-il d'un air étrange.

– Oh ! oui, répondis-je.

– Vous voulez rentrer chez vous ?

– Certes, mais comment retrouver la maison ?

– Venez. Ce matin, en vous voyant sortir, j'ai compris qu'un chat gras comme vous n'était pas fait pour les joies âpres de la liberté. Je connais votre demeure, je vais vous mettre à votre porte.

Il disait cela simplement, ce digne matou. Lorsque nous fûmes arrivés :

– Adieu, me dit-il, sans témoigner la moindre émotion.

– Non, m'écriai-je, nous ne nous quitterons pas ainsi. Vous allez venir avec moi. Nous partagerons le même lit et la même viande. Ma maîtresse est une brave femme…

Il ne me laissa pas achever.

– Taisez-vous, dit-il brusquement, vous êtes un sot. Je mourrais dans vos tiédeurs molles. Votre vie plantureuse est bonne pour les chats bâtards. Les chats libres n'achèteront jamais au prix d'une prison votre mou et votre coussin de plume… Adieu.

Et il remonta sur ses toits. Je vis sa grande silhouette maigre frissonner d'aise aux caresses du soleil levant.

Quand je rentrai, votre tante prit le martinet et m'administra une correction que je reçus avec une joie profonde. Je goûtai largement la volupté d'avoir chaud et d'être battu. Pendant qu'elle me frappait, je songeais avec délices à la viande qu'elle allait me donner ensuite.

VI

Voyez-vous, – a conclu mon chat, en s'allongeant devant la braise, – le véritable bonheur, le paradis, mon cher maître, c'est d'être enfermé et battu dans une pièce où il y a de la viande.

Je parle pour les chats.

Acte II

PIÈCE EN CHALEXANDRINS

CATLOVERS

J'ai suivi les leçons du Professeur Gouttière* :
Pour charmer ma belle, j'ai bien de la matière…
J'ai révisé le tout, un automne, un hiver,
Me voilà enfin prêt à tout faire pour lui plaire.

Rien ne vaut un selfie pour montrer sa bobine,
La laisser désirer, se lécher les babines,
La faire chat-virer en découvrant ma mine,
L'air de rien, gentleman, comme l'aurait fait Chat-plin.

Et le grand jour arrive, rendez-vous est pris,
Devant la palissade dite du Chat-rivari,
Un ballon pour seul signe de reconnaissance,
En espérant que ce soit enfin mon jour de chance.

Le début d'une idylle, les dîners romantiques
S'enchaînent : on est voisins, avouez que c'est pratique
Tour à tour fleurs ou vin, bol de lait ou pelotes
Et puis quelques câlins (plutôt qu'une belote…)

*Voir miaou n° 1

THEATER

Vient sans plus hésiter le jour de notre vie.
Tous ici réunis pour la cérémonie,
Nous avons revêtu nos habits chat-oyants,
Jusqu'au bout de la nuit, miaulant et festoyant.

Ma belle est alitée, a-t-elle trop fait la fête ?
Je lui prépare un lait, dont j'ai seul la recette,
Mais nous comprenons vite qu'une portée est en route !
Finies les escapades : du repos, coûte que coûte.

Cinq d'un coup ! Plus vraiment le temps de ronronner.
C'en est bien fini de notre tranquillité...
Envolées les siestes à moitié éveillé,
Une léchouille par ici, et par là une tétée.

Les mois passent, ils grandissent, prennent
en poids et en poils,
Jouent, ronronnent, complices, nuits à la belle étoile.
Déjà venu le temps de les laisser aller,
Si seulement nous savions ce qui leur arriverait...

Agenda au poil !

Les animaux des visiteurs ne sont pas admis dans les salons et expositions.

14 JUILLET

Salon Catfest à Londres

Catfest est un festival entier dédié aux chats. Les fans de félins s'impatientent…

Informations pratiques
Oval Space
29-32 The Oval
London E2 9DT
Horaires
11 h-18 h
Tarifs
Plein tarif : 20 £
Enfants (moins de 12 ans) : 10 £

8 AOÛT

Journée internationale du chat

Une journée dédiée à nos amis les chats encore plus présents sur le net et dans les médias ce jour-là.

17 AOÛT

Journée de valorisation du chat noir

Une journée célébrée dans le but de combattre les superstitions envers les chats noirs. C'est le jour où se lancer dans l'adoption de l'un d'eux, des tarifs spéciaux sont appliqués dans les refuges !

26 AOÛT

Exposition féline

Spéciale d'élevage Scottish et Highland organisée avec SFHF.COM

Informations pratiques
Salle Roger Salengro
2, rue Émile Basly
59150 Wattrelos
Tél. : 03 27 86 53 85
cc3000@wanadoo.fr

15 & 16 SEPTEMBRE

Exposition féline toutes races

Organisée par l'Association féline des Pays de la Loire

Informations pratiques
Parc des Expositions
Avenue Jean Mermoz
28000 Chartres
Tél. : 02 38 75 24 06
exposition@afpl.biz

JUSQU'AU 11 NOVEMBRE 2018

Divins félins, chats de l'Égypte ancienne

Exposition organisée au Michael C. Carlos Museum à Atlanta, en l'honneur des chats égyptiens.
Le musée présente de nombreuses pièces représentant des chats et des félins. On peut y admirer des objets de la vie courante comme des objets rituels.

Informations pratiques
Michael C. Carlos Museum of Emory University
571 South Kilgo Circle
Atlanta, Georgie, États-Unis
Horaires
Mardi au vendredi : 10 h-16 h
Samedi : 10 h-17 h
Dimanche : 12 h-17 h
Tarifs
Adultes : 8 $
Étudiants, séniors et enfants de 6 à 17 ans : 6 $
Site internet
http://carlos.emory.edu

TOUT L'ÉTÉ

Katten Kabinet

L'été est la période idéale pour aller visiter le Katten Kabinet d'Amsterdam ! Il abrite un musée du chat ouvert en 1990 par l'antiquaire Bob Meijer. Il a créé ce lieu en mémoire de son chat roux John Pierpont Morgan (du nom du banquier américain). Le musée regroupe des œuvres de nombreux peintres (Rembrandt, Picasso, Steinlen, Toulouse-Lautrec…). Le propriétaire vit au second étage, ses chats se promènent donc librement dans le musée. Il est hébergé dans une très belle maison de canal construite en 1667.

Informations pratiques
Herengracht 497
1017 BT Amsterdam
Pays-Bas
Horaires
Lundi au vendredi : 10 h-17 h
Samedi et dimanche : 12 h-17 h
Tarifs
Adultes : 7 €
Enfants (moins de 12 ans) : gratuit
Étudiants : 4 €
Site internet
www.kattenkabinet.nl

Astrochats par Chat-man

Les signes correspondent à la date de naissance de votre chat

Bélier
(21 mars – 20 avril)

Un été actif

Il adorera les escapades que vous lui proposerez. Et surtout, pas d'affolement devant la pagaille qu'il pourra mettre autour de lui cet été… c'est aussi sa façon de vous prouver son affection. Uranus disparu au printemps, votre chat devrait toutefois calmer ses ardeurs et demeurer actif… sans être survolté pour autant ! Idéal pour prendre le temps de ronronner ensemble, non ?

Taureau
(21 avril – 21 mai)

Vacances tranquilles

Ne le privez pas trop de ses repères, même si vous l'éloignez de chez vous : ses repas comptent pour lui, son confort et ses siestes aussi ! Câlinez-le et il saura comme toujours vous apaiser en retour. Un été très farniente en perspective…

Gémeaux
(22 mai – 21 juin)

Même pas peur !

Adaptable à souhait, le chat Gémeaux créera son nouveau cocon où que vous l'emmeniez cet été, du moment que vous ne serez pas trop loin de lui et que vous le rassurerez. Parlez-lui, partagez avec lui ces changements estivaux et il vous montrera par ses facéties comme il se sent comblé !

Cancer
(22 juin – 22 juillet)

Été rêveur

Sa grande sensibilité va sans doute conduire votre chat à s'isoler, se reposer plus encore que d'ordinaire. Jusqu'à vous donner l'impression qu'il est devenu distant. Il n'en est rien ! Redoublez d'attention et il sera rassuré, sécurisé… et tout attendri.

Lion
(23 juillet - 22 août)

À l'honneur

Été tout en majesté pour le chat Lion, à la mesure de son regard magnétique et de ses allures de prince(sse). Tout en énergie, il aborde cette période estivale avec un prestige plus marqué que jamais… mais ne le croyez pas distant ou méprisant, il fondra à la première de vos caresses, où que vous l'emmeniez.

Vierge
(23 août – 22 septembre)

À la perfection !

Toujours aussi observateur, le chat Vierge prendra le temps d'inspecter les lieux si vous le changez de domicile pour les vacances. Avant de reprendre son rythme, réglé comme du papier à musique : du réveil à sa toilette, dans les moindres détails, veillez à ne pas perturber le rythme de ses repas et de ne pas lui imposer de compagnie trop bruyante… il risque sinon de disparaître et d'éviter les caresses pour mieux se soustraire au brouhaha ambiant !

Balance
(23 septembre – 22 octobre)

Indispensable compagnie

Vénus arrive début août et promet de longs moments tendres et affectueux si vous savez les saisir : l'été est propice aux partages avec votre chat, profitez de cette période bénéfique pour être en sa compagnie… car il aura besoin plus que jamais de votre présence et de ces moments complices que vous savez vivre ensemble pour trouver son équilibre.

Scorpion
(23 octobre – 22 novembre)

De l'électricité dans l'air

Vous le saviez exclusif et un soupçon jaloux, il le sera plus encore cet été… alors faites votre possible pour qu'il ne sorte pas les griffes ! Comme toujours, il ne fera pas dans la nuance si jamais vous chamboulez trop brusquement ses habitudes ou laissez empiéter qui que ce soit sur son territoire… Prenez ces quelques précautions, et il sera capable finalement, comme toujours, de la plus grande douceur envers vous.

Sagittaire
(23 novembre – 21 décembre)

Un peu d'air

Fermement attaché à sa liberté, si vous la lui garantissez, votre chat Sagittaire jouira de cette période estivale, où que vous l'emmeniez. Pas le moins du monde chamboulé par un changement de domicile, il fera tout en revanche pour pouvoir y évoluer à sa guise, et y retrouver sa complicité avec vous, jour après jour. Miaulements et ronrons en vue, profitez-en !

Capricorne
(22 décembre – 20 janvier)

Laissez-moi tranquille !

Déjà casanier par nature, votre chat vit toujours avec plus de difficulté les périodes estivales, les grosses chaleurs et les déplacements trop nombreux. Respectez son besoin d'intimité, son goût modéré pour les caresses ou les effusions, tout en nuance et en discrétion. Et rassurez-le, tant que vous le pourrez : vous êtes là et bien là, mais sans être trop présent(e) non plus. Tout est question d'équilibre !

Verseau
(21 janvier – 19 février)

Cap sur l'aventure

Curieux, intrépide, prêt à toutes les découvertes, votre chat Verseau va cet été s'en donner à cœur joie. Nouvelles expériences, nouveaux espaces, rencontres et changements de rythme au programme, dont il s'accommodera très bien, au point de vous surprendre. Régalez-vous avec lui de ces moments de bonheur et de surprises estivales !

Poisson
(20 février – 20 mars)

Ronronner de bonheur

Qui mieux que le chat Poissons saura cet été vous ramener aux choses simples, à la sérénité partagée et au zen assuré ? Calme, voire timide parfois, c'est en votre compagnie qu'il donne le meilleur de lui-même. Après un mois de juillet sans doute un peu tendu et à pas feutrés, août vous réserve de très bonnes surprises et de temps partagé avec lui. Avant l'arrivée de Vénus en Scorpion pour l'automne… et son lot d'affection et de calme en perspective.

Dans le prochain numéro de miaou*

N°3 parution le 22 août 2018

DOSSIER

Une adoption réussie
une rencontre pour la vie.

Reportage
dans une école qui a intégré la ronronthérapie dans sa pédagogie

Entretien exceptionnel avec Erin Hunter,
l'auteure de *La Guerre des Clans.*

Et toujours de la ronronthérapie
et des sujets bien-être avec votre chat.

VOS CADEAUX

- Des **stickers** miaou
- Le **carnet** pour apprendre à dessiner nos amis les chats
- De nouvelles **fiches de races** à collectionner
- Et toujours, des **cartes postales** et **tirages** à afficher

* Sous réserve que nos amis les chats ne nous fassent pas changer nos plans pour d'autres sujets encore plus miaou !

Abonnez-vous à **miaou** et ronronnez de bonheur !

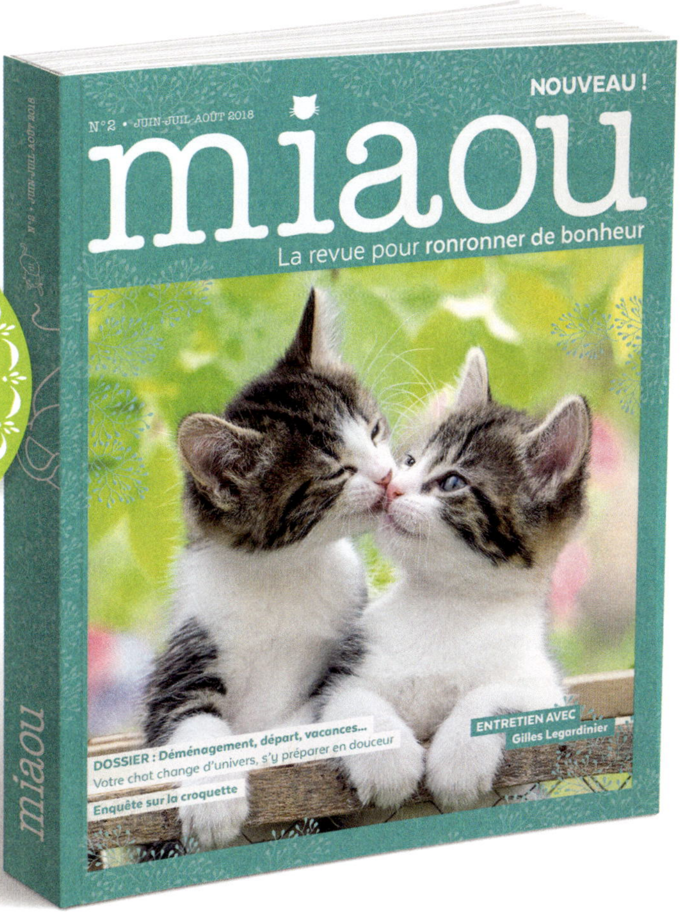

Offre exceptionnelle
Près de 10 % de réduction*

Toutes nos offres en page 144

OFFRE LIBERTÉ (4 n^{os} par an) : **9 € par numéro au lieu de ~~9,99 €~~*, par prélèvement automatique**

OFFRE ESSENTIELLE (1 an – 4 n^{os}) : **36 € au lieu de ~~39,96 €~~***

Retrouvez entre les pages 144 et 145 les cartes d'abonnement à nous retourner
ou abonnez-vous sur **www.prismashop.fr** avec le code offre MIAOU2
Vous pouvez aussi vous abonner au **0 826 963 964** Service 0,20 € / min + prix appel

*L'offre d'abonnement ne porte que sur la revue trimestrielle vendue à 9,99 € au numéro chez les marchands de journaux.
Il existe une édition collector vendue à 12,95 € en librairie et rayon livres non disponible à l'abonnement.

Prolongez l'expérience miaou

37€95
au lieu de
~~39€95~~

Oxygami Chats

Un kit pour monter soi-même ces sculptures papier 3D

Découvrez Oxygami le **concept de déco 3D tendance**. Craquez pour les **chatons malicieux !** Réalisez ces sculptures 3D en papier et exposez vos créations originales et bluffantes à monter soi-même pour orner vos murs ou pour offrir.

Pour la toute première fois en librairies, de véritables Oxygami® originaux à plier, coller et personnaliser. **Un kit pour monter soi-même** ces sculptures de papier en 3D, en toute simplicité, grâce à une notice explicative, un matériel de qualité prédécoupé et rainuré, le tout en couleurs modulables et en deux exemplaires, pour un résultat exceptionnel. **Des créations originales**, 100 % françaises pour une déco moderne, unique et bluffante ! En une journée de montage.

Éditions Prisma - Produit monté 82 cm

Cat Lady Chic

Quand les célébrités féminines transforment l'image de la « femme à chats »

Alors que le terme «femme à chats» (en anglais Cat Lady) renvoie immédiatement l'image d'une vieille fille mal fagotée, négligée, un tantinet aigrie, **les artistes ont largement fait voler ce mythe en éclats,** représentant la Cat Lady comme une femme séduisante et sûre d'elle-même, à travers leurs superbes peintures et photographies.

De Ingrid Bergman à Romy Schneider, de Lauren Bacall à Lana del Rey, toutes possèdent une aura, **un «chic» supplémentaire** qu'elles doivent au chat couché à leurs côtés, alangui à leurs pieds, lové sur leurs genoux ou drapé autour de leurs épaules à la manière d'un carré Hermès. Dans le geste ou la posture, **maîtresse et félin affichent une même grâce** et, dans une intimité forte et douce, l'élégance se fait sophistication.

Éditions Gallimard - Format : 16,8 x 22,5 cm - 128 pages

18€90
au lieu de
~~19€90~~

28€45
au lieu de
~~29€95~~

Le Chat de Louis XV

et autres animaux choyés de l'Histoire

Derrière un roi, un empereur ou une princesse, se cachent parfois un chien, un chat ou... une girafe ! Plongez dans les coulisses de l'Histoire grâce à ce livre insolite, richement illustré et **découvrez la petite histoire derrière la grande !**

Charlemagne était si fier de son éléphant qu'il le montrait à tous ses hôtes de marque. En découvrant la mort de sa carpe adorée, Louis XIV s'enferma dans ses appartements, refusant toute visite. Quant à Louis XV, il laissait volontiers **Brillant, son chat angora,** monter sur la table du Conseil, même pendant les réunions avec ses ministres.

Cet ouvrage, **richement illustré** de tableaux, gravures et objets d'art à l'effigie des animaux préférés de ces rois et reines, dresse **une touchante galerie de portraits** qui dévoile toute l'affection des souverains pour leurs chères bêtes à poils ou à plumes.

Éditions GEOHistoire - Format : 23,3 x 30 cm - 576 pages

avec notre sélection pour les catlovers !

23€75 au lieu de ~~24€95~~

Chat Majesté

À travers le monde et les arts

Objet de fascination à travers le monde entier, star du web, inspiration pour les arts, **le chat est une icône**, qui se voit parfois attribuer des dons à la limite du mystique.

Ce beau livre célèbre cet animal unique, revient sur ce qui fait sa spécificité et décrypte son rôle dans **les différentes cultures**.

Retrouvez au fil des pages un portfolio de belles ou attendrissantes photos, **des histoires passionnantes**, un panorama de ses nombreuses représentations dans l'art, des infographies résumant des informations très sérieuses ou **absolument insolites !**

Éditions GEO - Format : 23,5 x 30,5 cm - 124 pages

Chats ! Par @cats_on_instagram

Les 400 plus belles photos des chats d'Instagram, le cadeau indispensable pour tous les « catlovers »

Amoureux des chats, réjouissez-vous ! Vous ne pourrez pas résister à ce livre qui rassemble **400 photos** du meilleur du compte Instagram @cats_on_instagram. Pitreries, bêtises quotidiennes et adorables chatons, venez découvrir nos amis à quatre pattes au travers de catégories comme « Nœuds papillon », « Surprise ! » « Moustache » ou encore « Chat à lunettes »... Chaque page est un pur régal et ce livre, le cadeau parfait **pour tous les catlovers** et les autres.

@cats_of_instagram

Le profil @cats_of_instagram compte désormais près de 8 millions de fans dans le monde entier, c'est le premier compte **des amoureux des chats**. Il reposte quotidiennement les meilleures photos de chats qui lui sont envoyées pour le plus grand plaisir de ses followers.

Éditions Prisma - Format : 16 x 15 cm - 144 pages

9€45 au lieu de ~~9€95~~

POUR COMMANDER, C'EST FACILE ! OU

@ Sur Internet, je tape : **boutique.prismashop.fr/miaou**

✉ Je renvoie ce bon de commande dans une enveloppe NON AFFRANCHIE à :
Prisma Media - Libre réponse 20267 - 62069 Arras cedex 9

TITRE	Réf.	Qté		Prix	TOTAL
Oxygami Chats	13593	....	~~39,95 €~~	**37,95 €**	....
Cat Lady Chic	13649	....	~~19,90 €~~	**18,90 €**	....
Le Chat de Louis XV	13532	....	~~29,95 €~~	**28,45 €**	....
Chat Majesté	13401	....	~~24,95 €~~	**23,75 €**	....
Chats ! Par @cats_on_instagram	13512	....	~~9,95 €~~	**9,45 €**	....
MIAOU2V		Participation aux frais d'envoi			**3,90 €**
				TOTAL	

Ci-joint mon règlement :

☐ Par chèque à l'ordre de Prisma Media
☐ Par Carte Bancaire (Visa ou Mastercard)

N°

Date d'expiration MM / AA Cryptogramme

Signature :

Mes coordonnées :

☐ Mme ☐ M.

Prénom* ____________________

Nom* ____________________

Adresse* ____________________

Code postal*

Ville* ____________________

E-mail ____________________

Tél.

☐ Je souhaite être informé(e) des offres commerciales du groupe Prisma Media. ☐ Je souhaite être informé(e) des offres commerciales des partenaires du groupe Prisma Media.

Carnet d'adresses

Amazon : pour tous renseignements, www.amazon.fr
Catstore : pour tous renseignements, www.catstore.fr
Domestic : pour tous renseignements, www.domestic.fr
Etsy : pour tous renseignements, www.etsy.com/fr
Hector Kitchen : pour tous renseignements, www.hectorkitchen.com
Ikea : pour tous renseignements, www.ikea.com/fr
Kiub : pour tous renseignements, www.kiub-edition.com
Oh pacha ! : pour tous renseignements, www.ohpacha.com
Nos petits poilus : pour tous renseignements, www.nospetitspoilus.fr
Pet's expert : pour tous renseignements, www.petsexpert.fr
Prête-moi ton chat : pour tous renseignements, www.pretemoitonchat.com
Redbubble : pour tous renseignements, www.redbubble.com/fr
Shaman : pour tous renseignements, www.shaman-shop.fr
Teo Jasmin : pour tous renseignements, www.teojasmin.fr
Vert Baudet : pour tous renseignements, www.vertbaudet.fr
Wanimo : pour tous renseignements, www.wanimo.com
Weenect : pour tous renseignements, www.weenect.com/fr
Zoomalia : pour tous renseignements, www.zoomalia.com
Zooplus : pour tous renseignements, www.zooplus.fr

Crédits photographiques

Couverture : © JL. Klein & ML. Hubert / Naturagency (photo), © Shutterstock, Bipsun (motifs), 4e de couverture et dos : © Shutterstock, Denis Sazhin-Iconka (chats), © Shutterstock, Inna Moreva (illustr. ananas), © Shutterstock, Helen Lane (forme étiquette), © Shutterstock, Katya Bogina (rond). Illustrations de la 4e de couverture de la revue trimestrielle : © Shutterstock, avec le détail des artistes à retrouver ci-après aux pages concernées.

p. 1 : © Shutterstock, Bipsun (motifs), © Shutterstock, Hein Nouwens (chats), © Shutterstock, Franzi (étiquette), p. 2-3 : © Shutterstock, AnnaElizabeth photography (photo), © Shutterstock, Bipsun (motifs), p. 4-5 : © Shutterstock, vvvita (photo), © Shutterstock, Bipsun (motifs), p. 6-7 : © Shutterstock, Bipsun (motifs), © Shutterstock, MSSA (étiquette adoptez miaou), © Shutterstock, SalomeNJ (banderole), illustrations des rubriques : © Shutterstock, avec le détail des artistes à retrouver ci-après aux pages concernées, p. 8-9 : © Shutterstock, Malinovskaya Yulia (étiquette), © Shutterstock, Cat_arch_angel (chat), © Shutterstock, bomg (rosace filigane), © Shutterstock, Genestro (illustr. tirets), p. 10-17 : © Shutterstock, bomg (illustr. fleurs et encadrés), © Shutterstock, Genestro (picto feuilles), © Shutterstock, Parris Blue Productions (photo p. 10), © Shutterstock, 11A Fotografie (photo p. 12), © Shutterstock, Borkin Vadim (photo p. 14), © Shutterstock, Ollllga (photo p. 16), p. 18-19 : © Shutterstock, vvita (photo), © Shutterstock, Incredible_movements (illustr.), p. 20-25 : Photo Gilles Legardinier : Félicien Delorme © Flammarion. © Shutterstock, Tracie Andrews (fond et contour étoiles), © Shutterstock, MvanCaspel (étiquette), © Shutterstock, Shiffarigum (coeurs), © Shutterstock, Apostle (étoiles dorées), © Shutterstock, Marianna Pashchuk (illustr. chat noir), © Shutterstock, Lera Efremova (illustr. oiseaux), © Shutterstock, Lidia Kubrak (illustr. petits oiseaux colorés), Livres : © Flammarion / Tous droits réservés. p. 26-27 : © Shutterstock, Bukhavets Mikhail (contour), © Shutterstock, MSSA (forme étiquette), © Shutterstock, SimooOOO (illustr. chat étiquette), © Shutterstock, Franzi, les couvertures des livres sont tous droits réservés, p. 28-29 : © Shutterstock, Mrs. Opossum (contour), © Shutterstock, Franzi (étiquette), © Shutterstock, Lera Efremova (illustr. feuilles et fleurs), © Shutterstock, BePhumirat (chats noirs), p. 30 : © Shutterstock, Helen Lane (étiquette), © Shutterstock, Woodhouse (motifs étiquette), p. 31 : © Shutterstock, Nailia Schwarz, p. 32 : © Shutterstock, tezzstock, p. 33 : © Shutterstock, Plus69, p. 34-35 : © Shutterstock, Vivienstock, p. 36-37 : © Shutterstock, Seregraff, p. 38 : © Shutterstock, Andrey Khusnutdinov, p. 39 : © Shutterstock, Irina Kozorog, p. 40-41 : © Shutterstock, Linn Currie, p. 42-43 : © Shutterstock, antadi1332 (contour), © Shutterstock, Denis Sazhin-Iconka (chat étiquette), © Shutterstock, smilewithjul (illustr. transat), © Shutterstock, Jivopira (illustr. oiseaux et chats), p. 44 : © Shutterstock, Bipsun (contour), © Shutterstock, MSSA (encadré), © Shutterstock, artnLera (illustr. chat orange), © Shutterstock, vvvita (photo plage), © Shutterstock, Utekhina Anna (photo chat gris), © Shutterstock, Franzi (encadré rose), © Shutterstock, Denis Sazhin-Iconka (chat au trait), p. 45 : Cadeaux papier présentés © Shutterstock avec le détail des artistes à retrouver sur chaque cadeau. © Shutterstock, MSSA (encadré), © Shutterstock, Katya Bogina (étiquette ronde), © Shutterstock, MSSA (étiquette avec lien), © Shutterstock, Margarita_V (illustr. chat), p. 46-47 : © Shutterstock, Yoko Design (contour), © Shutterstock, Nepeta (sac shopping), © Shutterstock, Gizele (oiseau et branche), © Shutterstock, Sergio Hayashi (papillon), p. 48 : © Shutterstock, Malinovskaya Yulia (étiquette), © Shutterstock, bomg (illustr. fleurs), © Shutterstock, Genestro (tirets encadrés), photos de gauche à droite : © Shutterstock, dien, © Shutterstock, Zharinova Marina, © Shutterstock, Borkin Vadim, © Shutterstock, Seregraff, p. 49 : © Shutterstock, Borkin Vadim (photo), p. 50-71 : © Shutterstock, Galyna_P (fond pois), © Shutterstock, whitemomo (illustr. principales), © Shutterstock, Franzi (étiquette), © Shutterstock, smilewithjul (illustr. fleurs de la partie 2), p. 72 : de gauche à droite, de haut en bas : © Shutterstock, Toma Stepunina, © Shutterstock, silm, © Shutterstock, Ruslan Grumble, © Shutterstock, Hrvojka, © Shutterstock, Petr Jilek, © Shutterstock, Nataliya Kuznetsova, © Shutterstock, solar lady, © Shutterstock, Karuka, © Shutterstock, NataliaKo, © Shutterstock, Natalya Timofeeva, © Shutterstock, Rina Oshi, © Shutterstock, MirasWonderland, © Shutterstock, Okssi, © Shutterstock, Andriy Lipkan, © Shutterstock, Ysbrand Cosijn, © Shutterstock, antalogiya, © Shutterstock, Elmiral, © Shutterstock, Normante, p. 73 : de gauche à droite, de haut en bas : © Shutterstock, Eric Isselee, © Shutterstock, BOV, © Shutterstock, max777, © Shutterstock, Lisla, © Shutterstock, sunshiny, © Shutterstock, Zharinova Marina, © Shutterstock, Anastasia Lembrik, © Shutterstock, dezy, © Shutterstock, Orkhan Aslanov, © Shutterstock, Ewa Studio, © Shutterstock, photovova, © Shutterstock, Ptaha I, © Shutterstock, iofoto, © Shutterstock, Crocus, © Shutterstock, Cressida studio, © Shutterstock, Syrytsyna Tetiana, © Shutterstock, Mila-Ru, © Shutterstock, Sheila Fitzgerald, p. 74-75 : © Shutterstock, gnomeandi (voyata), © Shutterstock, Helen Lane (forme étiquette), © Shutterstock, ALMAGAMI (illustr. étiquette), p. 76 : © Shutterstock, Sven Hansche (photo en haut), © Shutterstock, Fotyma (photo en bas), © Shutterstock, milagrosvita (illustr.), p. 77 : © Shutterstock, Georgios Tsichlis (photo), p. 78 : © Shutterstock, Santorines (photo haut), © Shutterstock, Raquel Pedrosa (photo bas), p. 79 : © Shutterstock, miropink (photo haut), © Shutterstock, pavelgr (photo bas), p. 80 : © Shutterstock, Alex Andrei (photo haut), © Shutterstock, Gimas (photo bas), © Shutterstock, mi-re-mi (illustr.), p. 81 : © Shutterstock, Tom Jastram (photo gauche), © Shutterstock, Natalia Dobryanskaya (photo droite), © Shutterstock, mi-re-mi (illustr.), p. 82-87 : © Shutterstock, Malinovskaya Yulia (contour), © Shutterstock, Igor Zakowski (illustr. étiquette), © Shutterstock, Anchalee Ar (illustr. chats), © Shutterstock, briddy (encadrés et tirets), © Shutterstock, Top Vector Studio (illustr. divan), les photos de chats sont la propriété d'Anne-Claire Gagnon, tous droits réservés. Photo Anne-Claire Gagnon : © Yapa Photo. p. 88-94 : © Shutterstock, Magnia (contours), © Shutterstock, Helen Lane (forme étiquette), © Shutterstock, Olga Utchenko (chat étiquette), © Cléo Wehrlin (illustr. N&B), © Shutterstock, smilewithjul (illustr. couleurs), © Shutterstock, MSSA (encadrés), © Shutterstock, Cienpies Design (picto tangram), p. 96-97 : © Shutterstock, Artnis (étiquette), © Shutterstock, StudioLondon (illustr. oiseau+chat), © Shutterstock, Ksenia Lokko (illustrations), p. 98 -99 : © Shutterstock, jvillustrations (chats de couleur), © Shutterstock, kostolom3000 (chats au trait), © Shutterstock, Ksenia Lokko (illustrations cadre jaune), p. 100-101 : © Shutterstock, in_dies_magis (chats marins), © Shutterstock, Natalia Mikhaleva (chat plage), p. 102-103 : © Shutterstock, Artnis (feuilles et fleurs), © Shutterstock, Sergio Hayashi (papillon), © Shutterstock, Franzi (comment dessiner un chat), p. 104 : © Shutterstock, Yana Lesiuk (chats assis), p. 105 : les illustrations sont d'Emmanuelle Audebrand, tous droits réservés. p. 106-119 : © Shutterstock, L. Kramer (contour), © Shutterstock, Art Alex (dessin carte), © Shutterstock, Iyeyee (illustr.), © Shutterstock, Olha Onishchuk (illustr. chat). Les photos des lieux présentés sont la propriété de ces lieux © Tous droits réservés, sauf les suivantes : © Shutterstock, umat34 (photo musée Dubout p. 109), © Shutterstock, CoralieD (photo La Romieu p. 109), © Shutterstock, Roel Slootweg (photo Jardi Botanic p. 110), © Shutterstock, Kuznetsov Alexey (photo La Gemma di Elena p. 110), © Shutterstock, joan_bautista (photo Els quatre gats p. 114), © Shutterstock, Tom Jastram (photo p. 115), © Shutterstock, Photographee.eu (photo p. 116), © Shutterstock, FakeStocker (photo p. 119), p. 120-121 : © Shutterstock, Grigorita Ko (photo), © Shutterstock, Morozova Olga (illustr.), p. 122-124 : © Shutterstock, Artefficient (contour), © Shutterstock, Helen Lane (forme étiquette), © Shutterstock, Lera Efremova (illustrations), p. 126-138 : © Shutterstock, matryoshka123 (contour et ronds), © Shutterstock, Denis Sazhin - Iconka (illustr. chat p. 127 et p. 138), © Shutterstock, A7880S (fleurs p. 127 et 135, gamelle p. 127), © Shutterstock, Svetlana Ivleva (illustr. chat p. 132), © Shutterstock, MaraZe (photo chat roux p. 133), © Shutterstock, MilaArt (illustr. chat p. 135), les photos des personnes présentées p. 135 sont leur propriété, © tous droits réservés, © Shutterstock, Olgachka (photo p. 137), p. 140-141 : © Shutterstock, Yoko Design (contour), © Shutterstock, Nepeta (sac shopping), © Shutterstock, Gizele (oiseau et branche), © Shutterstock, Sergio Hayashi (papillon), p. 143 : © Shutterstock, P U P S I K L A N D (contour), © Shutterstock, Helen Lane (forme étiquette), © Shutterstock, Olga Utchenko (chat étiquette), © Shutterstock, zsooofija (chats), p. 144-145 : © Shutterstock, MaxyM (photo), © Shutterstock, LenLis (illustr.), p. 146 : © Shutterstock, IrenD (contour et fond étiquette), © Shutterstock, Helen Lane (forme étiquette), © Shutterstock, cammep (illustr. chats), © Bajstock.com (photo M. Chat), © Dargaud / Droits réservés (livre), © Shutterstock, tynyuk (illustr. mamie), p. 147 : © Shutterstock, littleWhale (gâteau), Photos : © Dargaud / Droits Réservés, © Shutterstock, Keith Homan (photo Garfield sur produit dérivé), p. 149 : © Shutterstock, Gigra (photo), Livres © Dargaud / Droits Réservés. p. 150-151 : © Shutterstock, nikolarisim (contour), © Shutterstock, Elena Barenbaum (chats), p. 152-155 : © Shutterstock, Hibrida (chat), © Shutterstock, jakkapan (étiquette et traits), p. 156-157 : © Shutterstock, Iryna Kuznetsova (photos), © Shutterstock, Genestro (coins), © Shutterstock, jakkapan (encadrés), p. 158-159 : © Shutterstock, Yoko Design (contour), © Shutterstock, Malinovskaya Yulia (étiquette), © Shutterstock, Genestro (déco étiquette), © Shutterstock, Sergio Hayashi (papillon noir), © Shutterstock, Yana Lesiuk (chats), © Shutterstock, smilewithjul (oiseaux), © Shutterstock, Anna Hapova (séparations), p. 160-161 : © Shutterstock, ZenStockers (étiquette), © Shutterstock, Shironina Marina (contour), © Shutterstock, bosmoll (illustr. chats), p. 162-163 : © Shutterstock, Bipsun (contour), © Shutterstock, Massimo Cattaneo (photo), © Shutterstock, Natasha_Chetkova (illustr. au trait), © Shutterstock, LenLis (illustr. chat et feuilles), © Shutterstock, Fay Francevna (illustr. cadeau), © Shutterstock, Katya Bogina (étiquette ronde), © Shutterstock, MSSA (étiquette avec lien), p. 164-165 : © Shutterstock, Bipsun (contour), © Shutterstock, whitemomo (illustr. fille+chat), © Shutterstock, Denis Sazhin-Iconka (chats), p. 166-167 : © Shutterstock, Bipsun (motifs), © Shutterstock, Helen Lane (étiquette), © Shutterstock, Alenka Karabanova (illustr.), p. 168 : © Shutterstock, Bipsun (motifs).

La revue **miaou** est éditée par le groupe

PM
PRISMA MEDIA
13, rue Henri Barbusse
92624 Gennevilliers Cedex
Tél. : 01 73 05 45 45 - Fax : 01 47 92 65 85
Site internet : www.prismamedia.com - Contact : contact@editions-prisma.com
Société en nom collectif au capital de 3 000 000 €, d'une durée de 99 ans, ayant pour gérant G+J Communication GmbH.
Son principal associé est Media Communication SASU.
Directeur de la publication Rolf Heinz

Pour joindre votre correspondant, composez le 01 73 05 suivi des chiffres entre parenthèses.

CONCEPTION ET DIRECTION ÉDITORIALE

EDITIONS **PRISMA**

Directeur Pierre-Olivier Bonfillon
Directrice éditoriale Françoise Kerlo
Responsable d'édition Laura Stioui
Chargée d'édition Marie Ranson
Responsable de fabrication Stéphane Roussiès
Chefs de fabrication Jérôme Brotons et Anne-Kathrin Fischer

RECHERCHE ICONOGRAPHIQUE
Marie Ranson et Laura Stioui

RÉDACTION
Pierre-Olivier Bonfillon, Marie Ranson et Laura Stioui

Rédaction *Chats de race, Test, Dossier, Enquête sur la croquette, Cattitudes, Actus de chats p.146* Isabelle Collin

SECRÉTARIAT DE RÉDACTION
Isabelle Collin

CRÉATION GRAPHIQUE
Direction artistique déléguée
TERRE-LUNE Emmanuelle Audebrand et Marina Delranc

COMMUNICATION ET PARTENARIATS MARKETING
Directrice adjointe des projets Paula Arqué
Chef de groupe Marie Valéro
Chef de produit Anaïs Lagoutte (52 07)

Directrice Marketing Sandra Sebbah (56 02)

RELATIONS MÉDIAS
Chef des relations médias Jacqueline Grego (56 37)

COMMERCIALISATION MARCHANDS DE JOURNAUX ET RAYONS PRESSE
Diffusion Presstalis
Directeur des ventes Bruno Recurt (56 76) **Secrétariat** (56 74)

COMMERCIALISATION LIBRAIRIE et PARTENARIATS COMMERCIAUX
Diffusion Interforum
Directrice commerciale / Partenariats commerciaux Isabelle Bruchet (56 11)
Chef de projet Commercial - BtoB Miaou Julie Morette (46 92)
Chargée commerciale Sandrine Lenoir (50 35)

ABONNEMENT À MIAOU
Directeur marketing client Laurent Grolée (60 25)
Prix 1 an (4 numéros) : 39,96 €.
Service abonnements : Miaou, 62066, Arras Cedex 9.

Remerciements
Celles et ceux qui ont participé avec enthousiasme à ce numéro, entre autres par ordre alphabétique :
Marion Colin, Sylvaine Cortada, Bernd Dornbusch, Maud Fontanive, Serge Hayek, Eva Hoff, Line Karoubi,
Sabine Kuentz, Amel Lekouara, Virginie Maubourguet, Martine Mirepoix, Marie Parisot, Chloé Poudevigne, Claire Sicard.

Imprimé en Italie par d'Auria Printing
Via Zona Industriale, Sant'Egidio Alla Vibrata, Te 64016, Italie

FSC
www.fsc.org
MIX
Paper from responsible sources
FSC® C014075

Miaou n° 2. Parution trimestrielle.
 Dépôt légal : juin 2018. Création : mars 2018.
ISBN 978-2-8104-2454-2
ISSN : en cours. CPPAP : en cours.